中谷真弓の エプロンシアター！②

- 大きなかぶ
- ねずみのすもう

ほか6編

チャイルド本社

● 目次

大きなかぶ
5 ページ
作り方型紙 ◉ 34 ページ

ねずみのすもう
9 ページ
作り方型紙 ◉ 43 ページ

とんでったバナナ
13 ページ
作り方型紙 ◉ 50 ページ

おいも掘り
17 ページ
作り方型紙 ◉ 57 ページ

ピヨピヨちゃんをさがそう

21 ページ

作り方型紙◉64ページ

森のかくれんぼ

*「ねこちゃんの誕生日」、「ポンポコパンやさん」と一部共通の人形を使えます。

25 ページ

作り方型紙◉73ページ

ねこちゃんの誕生日

*「森のかくれんぼ」、「ポンポコパンやさん」と一部共通の人形を使えます。

27 ページ

作り方型紙◉78ページ

ポンポコパンやさん

*「森のかくれんぼ」、「ねこちゃんの誕生日」と一部共通の人形を使えます。

29 ページ

作り方型紙◉82ページ

基本のエプロンの作り方 …… 33ページ

● はじめに

乳幼児教育研究所
中谷真弓

　エプロンシアターは、エプロンを使った人形劇の一種です。演じ手が、ナレーションから登場人物まで、表情豊かに演じることで、子どもたちの興味を引き付け、お話の世界の楽しさを広げることができます。

　エプロンシアターを手作りしてみると、人形の大きさ、背景などの位置、ポケットの大きさなどが、演じやすさや、お話のわかりやすさにつながっていることがわかります。また、手作りすることで、作品への愛着がわき、工夫して楽しく演じようとする意欲がわいてきます。

　本書では、「森のかくれんぼ」「ねこちゃんの誕生日」など、乳児から楽しめる作りやすくわかりやすい作品や、「大きなかぶ」「ねずみのすもう」など、子どもたちにもよく知られた、演じやすい名作を集めました。ぜひ手作りにチャレンジしてみてください。

　手作りしたエプロンシアターは、子どもたちの前で演じ、その反応を受け取ることで初めて完成したといえます。繰り返し演じて、子どもたちといっしょにエプロンシアターの世界を楽しんでください。

エプロンシアターのうた

作詞・作曲　中谷真弓

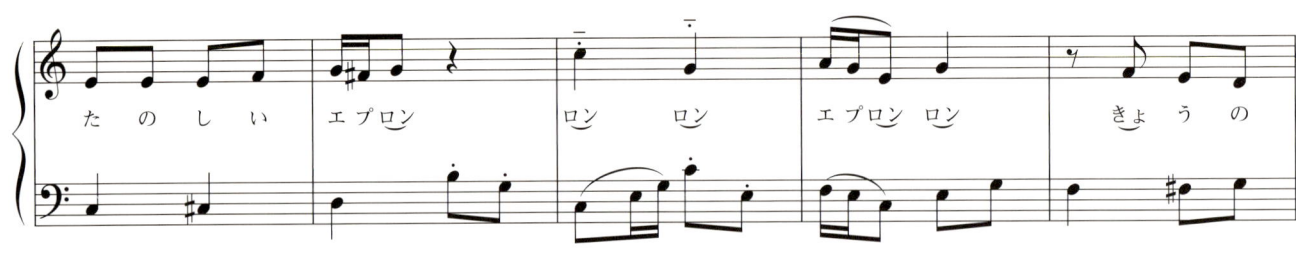

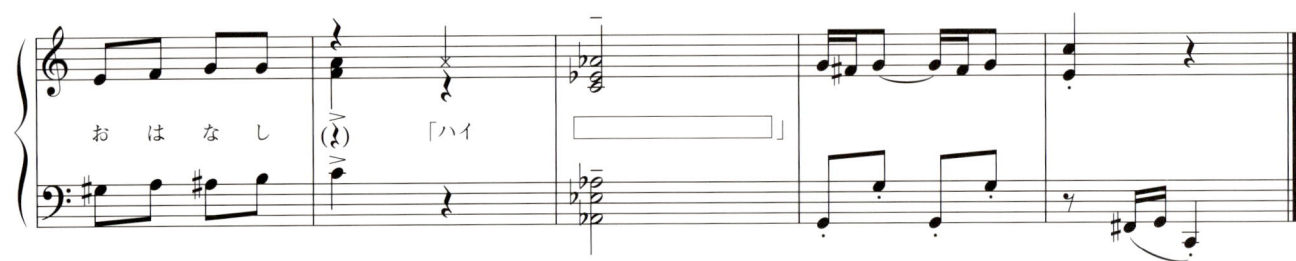

　　　　　にこれから演じるエプロンシアターのタイトルを入れ、演じる前にうたってみましょう。

簡単に作れる演じられる 大きなかぶ

おじいさんが丹精込めて育てたかぶが、とっても大きくなりました。抜こうとしてもなかなか抜けなくておばあさんを呼びましたが……。おなじみのお話を、エプロンシアターで楽しみましょう。

＊作り方と型紙は 34 ページ

準備

エプロン / かぶ / 畑のポケット口 / 木のポケット

おじいさん（表・裏）/ ねこ / 孫娘 / おばあさん / ねずみ / いぬ

● かぶを畑のポケットに入れ、葉を G H に付ける。おばあさん、孫娘、いぬ、ねこをエプロン裏の面ファスナーに付け、ネズミを木のポケットに入れる。
＊A〜H は面ファスナー凹面を示しています。

1

ナレーター（保育者） おじいさんが、かぶの種をまきました。毎日、水をやって世話をしたら、グングン大きくなりました。

おじいさん おお、ずいぶん大きくなったぞ。どれ、抜くとしよう。

おじいさんを A に付ける

2

エプロンの両側を持って左右に揺らす

おじいさん ヨイショ コラショ コシショ ウント コシショ、フー、抜けないなあ。そうだおばあさんを呼ぼう。

両手を口に当て、呼ぶしぐさをする

おじいさん おばあさんや、手伝っておくれー。

3 おばあさん　ハイハイ、お手伝いしますよ。

おばあさんをBに付ける

4 おばあさん　さあ、力を合わせて、抜きましょう。

エプロンの両側を持って左右に揺らす

おじいさん・おばあさん　ヨイショ　コラショ　ヨイショ　コラショのウントコショ　ウントコショ　フー、抜けませんねぇ。そうだ、孫娘を呼びましょう。

両手を口に当て、呼ぶしぐさをする

おばあさん　孫娘やー、手伝っておくれ。

5 孫娘　ハーイ、いいわよ、お手伝いするわ。

エプロン裏側から孫娘を出す

6 みんな
さあ、力を合わせて、抜きましょう。
孫娘を◎に付ける
ヨイショ コラショのウントコショ
ヨイショ コラショのウントコショ
フー、抜けないわねぇ。そうだ、いぬを呼びましょう。
孫娘
両手を口に当て、呼ぶしぐさをする
いぬさーん、手伝ってー。

7 いぬ
エプロン裏側からいぬを出す
ワンワン、いいですよ、お手伝いするワン。

8 みんな
いぬを◎に付ける
さあ、力を合わせて、抜きましょう。
エプロンの両側を持って左右に揺らす
ヨイショ コラショの
ウントコショ
ヨイショ コラショの
ウントコショ
フー、抜けませんねぇ。そうだ、ねこを呼びましょう。
いぬ
両手を口に当て、呼ぶしぐさをする
ねこさーん、手伝ってー。

9 ねこ
エプロン裏側からねこを出す
ねこを◉に付ける
ニャンニャン、いいですよ。お手伝いしますニャン。

10 みんな
さあ、力を合わせて、抜きましょう。
エプロンの両側を持って左右に揺らす
ヨイショ コラショのウントコショ
ヨイショ コラショのウントコショ
フー、抜けませんねぇ。そうだ、ねずみを呼びましょう。

11 ねこ
両手を口に当て、呼ぶしぐさをする
ねずみさーん、手伝ってー。

11

ねずみさーん

12

おや？

チュウ チュウ

13

ヨイショ
コラショ
の
ウントコショ

14

抜けたよー

15

かぶの
スープに
なりました

おわり

12
ナレーター　あら？ねずみさん、出てきませんね。もう一度呼んでみましょう。ねずみさーん、手伝ってー。

ねずみ　寝ぼけ声でチュウ〜 チュウ〜

みんな　おや？ねずみさんの声が聞こえましたよ。どこにいるのかな？ねずみさーん、早く出てきて手伝ってー。

ねずみ　チュウ チュウ、ごめんね。今、起きたところなんだ。ヨーシ、手伝うチュウ。

13
※ねずみを F に付ける

みんな　さあ、力を合わせて、抜きましょう。

エプロンの両側を持って左右に揺らし、だんだん力が入る様子を表現する

ヨイショ　コラショのウントコショ
ヨイショ　コラショのウントコショ
ヨイショ　コラショのウントコショ
ヨイショ　コラショのウーン……

14
みんな　やったー！抜けたよー！

ナレーター　スッポーン
かぶの葉をエプロンから外し、畑からかぶを引き出して子どもによく見せる

かぶをゆっくりひっくり返してお鍋にし、子どもによく見せる

15
ナレーター　みんなで力を合わせたら、こんな大きなかぶが抜けました。抜けたかぶは、お鍋で煮て、おいしいかぶのスープになりました。

人形デザイン／みさき ゆい

ねずみのすもう

はりきって演じよう

山に出かけたおじいさんが見たのはねずみのすもう。ところが、おじいさんの家のやせねずみは腹ぺこで負けてばかり。そこで、おばあさんは力もちを作ります。場面がダイナミックに転換するエプロンシアターです。

＊作り方と型紙は43ページ

3 ワーイワーイ！早く行こう

1

2 畑に行ってくるとしよう

なんだろう？

4

準備

- 山
- 屋根
- 裏ポケット
- エプロン
- F G
- J A K B
- D E C
- H I
- ↑家のポケット
- ◀屋根を開いたところ

おばあさん／おじいさん（表・裏）／小判／やせねずみ／太ったねずみ／きつね／たぬき／小判の袋

● おじいさん、おばあさんを家のポケットに入れる。2匹のねずみを F と G に付けて山を閉じる。裏ポケットにきつねとたぬき、小判の袋を入れる。

＊A〜G、J Kは面ファスナーを凹面を、H Iは面ファスナー凸面を示しています。

---

1 ナレーター（保育者）
昔々、貧乏だけど、心の優しいおじいさんとおばあさんが住んでいました。
おじいさんとおばあさんを家のポケットから出す

2 おじいさん
きょうもいい天気じゃ、畑に行ってくるとしよう。
おばあさん
いってらっしゃい。気をつけて。
おばあさんを A に付ける

3 ナレーター
おじいさんが山の畑に行くと……
おじいさんを B に付ける
裏ポケットからきつねとたぬきを出す
ワーイ ワーイ、早く行こう、早く……
山を開いてきつねとたぬきを K と J に付ける

4 ナレーター
なんだろう？ と、おじいさんが近づいてみると、2匹のねずみがすもうを取っていました。

きつね・たぬき
ワーイ ワーイ！早く行こう

5 きつね
きつねを持つ
じゃあ、ぼくが行司をやるよ。
ひがーし、"長者山"、にーし、"ねずの川"、見合って見合って……
きつねを K に戻す

6 おじいさん
おやおや、ねずみのすもうだ。あれ！　やせた方のねずみは、うちのねずみだ。太った方は長者どんの家のねずみだよ。うちのねずみに勝たせたいなあ。おじいさんを❸に付ける

7 きつね
はっけよーい、のこったのこった

8 やせねずみ
きつね
くやしいなあ！　もう一番！
それから、2匹のねずみは何度も何度もおすもうをつづけましたが、おじいさん家のやせたねずみは負けてばかり……

ナレーター
やせねずみを持ってくやしがる

9 きつね
ウーン、くやしいなあ！　もう一番！
やせねずみを©に付け、やせねずみを押し出して、長者山の勝ち！　寄り切りで、太ったねずみの勝ち！　せりふに合わせて、2匹のねずみを頭上に上げる

10 やせねずみ
ぼくだって　負けてばっかり。くやしいなあ。ぼくだっておなかいっぱい食べられたら、勝てるのに。やせねずみを❺に付ける

11 ナレーター
これを聞いたおじいさんは……
山を閉じて、おじいさんとおばあさんを持つ

おじいさん
今帰ったよ。

おばあさん
お帰りなさい、おじいさん。

おじいさん
おばあさんや、ねずみがすもうをとっていたよ。強いねずみは長者どんとこのねずみで、負けてばっかりいるねずみは、うちのねずみなんじゃ……。かわいそうに腹が減って力が出ないんじゃ。

おばあさん
それはかわいそうに。そうだ、力が出るように、力もちを作ってあげましょう。

ナレーター
おじいさんとおばあさんは、おもちをついて、屋根裏におもちを置いておきました。おじいさんとおばあさんを家に入れる

12 やせねずみ
山をめくってやせねずみを持ち、屋根を開く
あーあ、きょうも負けてばっかり……ショボンボリ。あれっ？　……おもちだ！　すごーい。わかった！　おじいさんとおばあさんが作ってくれたんだ。うれしいなぁ。おじいさん、おばあさん、ありがとう。いただきまーす。

13 やせねずみ
食べるしぐさの後ガッツポーズをする
ムシャムシャ。おいしい……力がわいてきたぞ！
屋根を閉じる

ナレーター
さて次の日、おじいさん家のねずみは元気に出かけていきました。
山を開いてやせねずみを**F**に付ける
さて、きょうのうちのねずみはどうなったかな？　見てくるよ。
家からおじいさんとおばあさんを出し、おばあさんを**A**、おじいさんを**B**に付ける

14 きつね
はっけよーい、のこった　のこった！
たぬきを持つ
ねずの川ガンバレ！
たぬき
たぬきを**J**に付け2匹のねずみを持って
おっ、きょうのねずの川強い！　あれあれ、
おじいさん
長者山が寄り切られたぞ！
やせねずみを頭上に上げる
寄り切りで、ねずの川の勝ち！

15 きつね
ワーイ、勝ったぞ！

16 やせねずみ
17 太ったねずみ
急に、どうしてそんなに強くなったんだい？
やせねずみ
おじいさんとおばあさんが力もちを食べさせてくれたんだ。
太ったねずみ
いいなぁ、ぼくも食べたいなぁ。
やせねずみ
いいよ、まだあるから、おいでよ。
太ったねずみ
えっ、いいの？　うれしいな。じゃあ、お土産を持っていくからね。
2匹のねずみを**FG**に付け山を閉じる

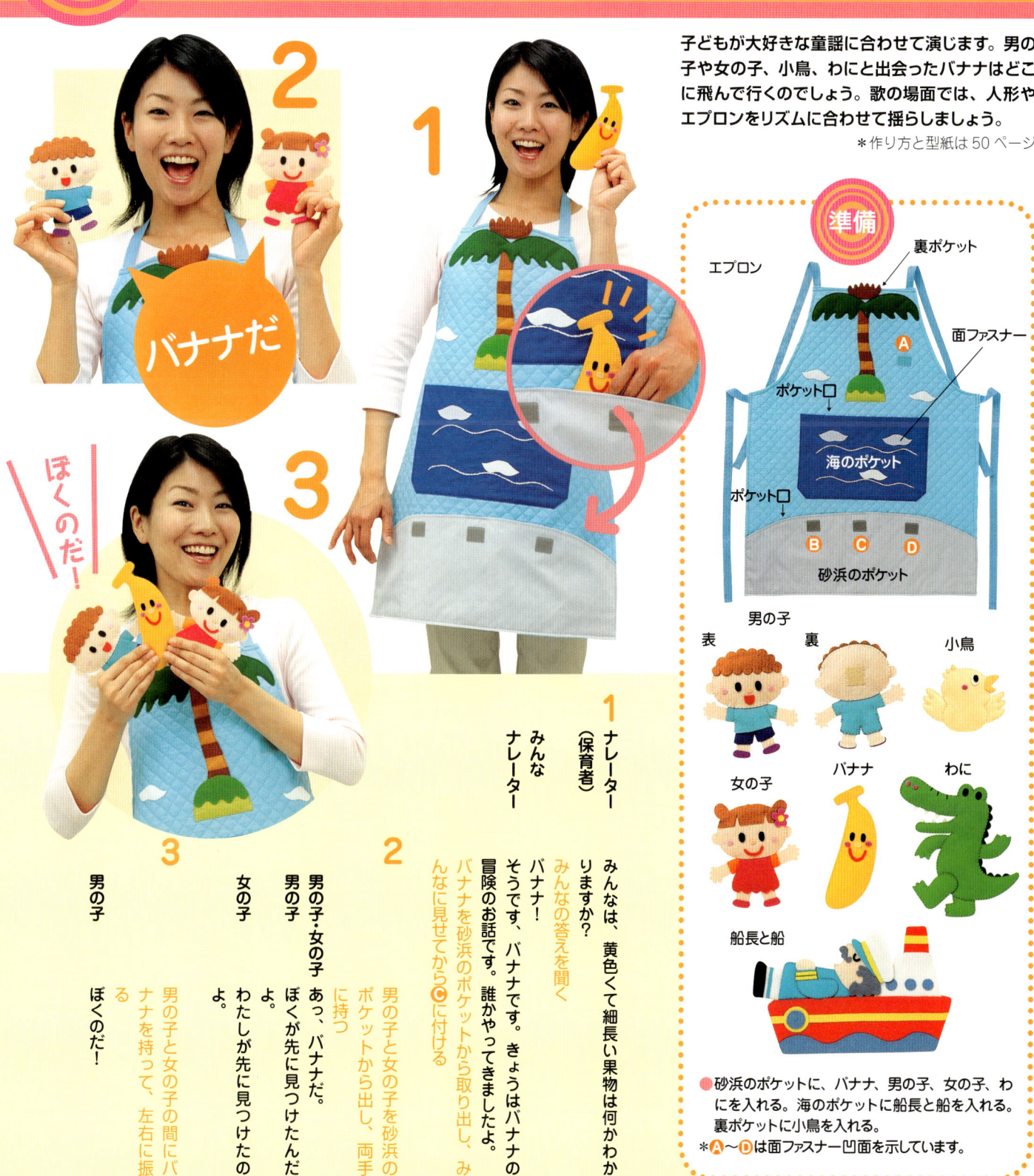

4 女の子 ナレーター

わたしのよ！
子どもたちがバナナを取り合っています。
歌に合わせて子どもとバナナを左右に振る

①番
「とんでったバナナ」（楽譜は56ページに掲載）
（作詞 片岡輝・作曲 櫻井順）
バナナが いっぽん ありました
あおいみなみの そらのした
こどもが ふたりで とりやっこ
バナナは ツルンと とんでった
バナナは どこへ いったかな
バナナン バナナン バナナ

5 子どもたち

「ツルン」に合わせて、子どもの間からバナナを取り、子どもを B と D に付ける
バナナを持って振り、A に付ける
あーん、残念！
子どもたちを砂浜のポケットに入れる

6 ナレーター

バナナが飛んでいったところは、どこでしょう？

7

裏ポケットから、小鳥を出す

②番
ことりが いちわ おりました
やしの こかげの すのなかで
おそらを みあげた そのときに
バナナが ツルンと とびこんだ
はねもないのに ふんわりこ
バナナン バナナン バナナ

8

小鳥がバナナをつつくしぐさをする

③番
きみは いったい だれなのさ
ことりが バナナを つっつきます
これは たいへん いちだいじ
バナナが ツルンと にげだした

いっしょに踊ろう!

12

♪わにが いっぴき おりました

11

8

ツルリーン

9

10

ボンボコツルリン

13

---

9 バナナ

たべられちゃうなんて やなこった
バナナン バナナン バナナ

「ツルン」でバナナを上に上げ、小鳥を裏ポケットに入れる

10 ナレーター

あーよかった! ツルリーン
バナナを Ⓐ に付ける

11 ナレーター

こんどは、どこにいったかな?
砂浜のポケットからわにを出す
おや? わにさんが踊りを踊っていますよ。

わにを持って左右に振る

④番
わにが いっぴき おりました
しろい しぶきの すなはまで
おどりを おどって おりますと
バナナが ツルンと とんできた
おひさま にこにこ いいてんき
バナナン バナナン バナナ

12 バナナ

わにを Ⓓ に付けバナナを持つ
楽しそう! いっしょに入れて! ツルリーン
バナナを Ⓒ に付ける
いいよ、いっしょに踊ろう!
わにさんとバナナはいっしょに踊りましたよ。

13 わに ナレーター

わにと バナナを持つ

⑤番
わにと バナナが おどります
ボンボコ ツルリン ボンツルリ
あんまり ちょうしに のりすぎて
バナナは ツルンと とんでった
バナナは どこへ いったかな
バナナン バナナン バナナ

14

「ツルン」でバナナを上に上げてわにを Ⓓ に付け、バナナを左右に振る

15

15 ナレーター

バナナを Ⓐ に付け、わにを取り、砂浜のポケットに入れる

わにさんは、ポンポコポンボコ踊りながら行ってしまいました。バナナはどこに飛んでいったのでしょう。

海のポケットから、船と船長を出し、海のポケットの面ファスナーに付ける

⑥番

おふねが いっそう うかんでた
おひげ はやした せんちょうさん
グーグー おひるね いいきもち
おくちを ポカンと あけてたら
バナナが スポンと とびこんだ
モグモグ モグモグ たべちゃった
たべちゃった たべちゃった

16 ナレーター

「スポンととびこんだ」のところで、バナナを持って海のポケットに入れる

バナナは、船長さんのお口に飛び込んだので、食べられちゃったんだって。

おわり

人形デザイン／くるみれな

5 きつね わたしも！周りの土を掘るしぐさをし、きつねを持ち、いもBのつるを引っ張る
6 ナレーター すっぽん！いもBを引き抜く
　きつね わーい、わたしの方が大きいよ。いもBをかごのポケットに入れ、きつねをCへ戻す
7 ぶた ブーイ、がんばるぞ。周りの土を掘って…ブイ！両手で土を掘るしぐさをし、ぶたを持ち、いもCのつるを引っ張る
　ぶた 抜けないなぁ。もう一度、ブーイブイ！……だめだ。首をかしげる
　きつね きつねちゃん、このおいも、抜けないよ。手伝ってくれる？
8 きつね いいよ。ふたりで力を合わせれば、きっと抜けるよ。
　ぶた ありがとう。さあ、イチニ〜の、ブイ！
　ナレーター すぽん、すっぽん！
　ぶた いもCを引き抜き、子どもに見せるフーッ、抜けたぁ。
　きつね すごーい、おいもが2つも付いてる。いもCをかごのポケットに入れる
9 きつね ぶたときつねを両手に持つさあ、もっと掘ろう。
　ぶた きつねをEに付け、いもDのつるを引っ張るえーい、あれ？抜けないなぁ。ぶたくん、手伝ってくれる？
　ぶた うん、いっしょに掘ろう！ぶたをCに付ける
　きつね さあ、いくよ。イチニ〜の、エイ！いもDのつるを引っ張る
　きつね うーん……、抜けないねぇ。

10
ぶた　きっと、おいもがたくさん付いているんだよ。そうだ、誰かに手伝ってもらおう！ おーい、誰かー！
小鳥　ピイピイ、ぶたくん、どうしたの？
ぶた　小鳥さん、このおいもが抜けなくて、困ってるんだ。
小鳥　それじゃあ、力持ちのぞうさんを呼ぼうよ。
　　　小鳥をAに付ける

11
きつね　ぞうさんと力を合わせれば、きっと抜けるね。ぞうさーん！
みんな　ぞうさーん！
ぶた　パオーン、ぼくを呼んだ？
そう　このおいも、なかなか抜けないんだ。手伝ってくれない？
ぞう　いいよ。力仕事は得意だよ。
　　　ぞうをBに付ける

12
きつね　さあ、いくよ。ヨイショ！
そう　うーん、抜けないね。
小鳥　そうだ、わたしのかけ声に合わせて引っ張ったら？
ぞう　うん、みんなの力がぴったり合ったら、きっと抜けるね。
みんな　せーの……ウントコドッコイ、ヨイコラショ！
小鳥　ピイピイ、さあ、いくよ。ウントコドッコイ、ヨイコラショ！ もう1回いくよ。
　　　力いっぱい、つるを引っ張るしぐさをする

13
ナレーター　ずっぽーん！ いもロを引き抜き、子どもに見せながら
みんな　わぁ～！ 大きなおいもだよ！

ピヨピヨちゃんをさがそう

はりきって演じよう

にわとりのコッコ母さんが、ひよこのピヨピヨちゃんをさがしていると、草むらや砂場から、黄色い物が見え隠れ。さあ、ピヨピヨちゃんはどこに隠れているのかな？ みんなで当てっこしながら楽しみましょう。
＊作り方と型紙は64ページ

1
どこに行ったのかしら？

2
ピヨピヨちゃーん

準備

エプロン
木ポケット② 　木ポケット①
A　B
草むらポケット　土管ポケット
C　D　E
砂場ポケット　お花ポケット
F
草原ポケット

コッコ母さん　ピヨピヨちゃん　かえる

ねこ　ねずみ

長靴　いちごのクッキーとかご

バケツ

● 木ポケット②にピヨピヨちゃん、木ポケット①にねずみ、草むらポケットにかえる、土管ポケットにバケツ、砂場ポケットに長靴、お花ポケットにねこ、草原ポケットにいちごのクッキーとかごを入れておきます。
＊A〜Fは面ファスナー凹面を示しています。

---

1 ナレーター（保育者）
コッコ母さんを持つ
コッコ母さんが、ピヨピヨちゃんをさがしています。ピヨピヨちゃんが見当たらないの。どこに行ったのかしら？ うちのピヨピヨちゃんは、体は黄色で、白い帽子をかぶっているのよ。みんないっしょにさがしてね。

2 コッコ母さん
あら？ お花の後ろでなにか動いているわ。
お花ポケットからねこを少し出し、指さす
ピヨピヨちゃんかしら？ いっしょに呼んでみて。ピヨピヨちゃーん。

コッコ母さん
コッコ母さんを F に付ける

3
ねこ
コッコ母さん
ねこ

お花ポケットから、ねこを出す
ニャーオ、なあに？
あら、ねこさんだったの。うちのピヨピヨちゃんだと思ったの。ピヨピヨちゃんなら、さっき砂場で遊んでいたよ。
ねこをお花ポケットに戻す

4
コッコ母さん

まあ、ありがとう。砂場にいるのかしら？……黄色い物が見えますよ。
砂場ポケットから長靴を少し出し、指さす
ピヨピヨちゃん、隠れていないで出ていらっしゃい。
砂山を開いて長靴を出す
あらら、長靴でした！ どこに行っちゃったんでしょう？
長靴を C に付ける
片手を額にかざし、左右を見てさがすしぐさをする

5
コッコ母さん

もう1回、みんなで呼んでみましょう。
ピヨピヨちゃーん。
土管ポケットからバケツを少し出し、指さす
おや、あの土管の所に、なにか黄色い物が見えるわ。ピヨピヨちゃん、こんな所にいたの？
土管ポケットからバケツを少しずつ出す
なーんだ、バケツでした！ 残念…！

6
コッコ母さん

バケツを D に付ける
草むらポケットからかえるの頭を少し出し、指さしながら
あっ、ピヨピヨちゃん！ こんな所でなにをしているの？

7 かえる
コッコ母さん 草むらポケットからかえるを出す
ムニャムニャ、ふぁ〜、なあに？
あら、かえるさんだったの、ごめんなさい。黄色い物が見えたので、うちのピヨピヨちゃんだと思ったの。
かえる ぼくね、春になったら、この黄色い帽子をかぶって、ケロケロ園に入るんだ。早く春にならないかなーって、帽子をかぶって寝ていたの。ふぁ〜、あら、そうだったの。起こしちゃってごめんなさいね。そーっと、おやすみなさーい……。
コッコ母さん かえるを草むらポケットに戻す

8 コッコ母さん 本当に、ピヨピヨちゃんたら、どこに行っちゃったんでしょう？木ポケット①から、ねずみのしっぽを出し、指さす
おや？　木の陰に黄色い物が見えるわ。
ねずみを出す
しーっ、かくれんぼしているんだから、邪魔しないで。
ねずみ 邪魔しないで
コッコ母さん まあ、ごめんなさい。ねずみさんのしっぽのリボンだったのね。
ねずみを木ポケット①に戻す

9 コッコ母さん 困ったわ、どこに行ったのかしら？そうだ！
草原ポケットからいちごのクッキーとかごを出し、クッキーを1つ取り出す
ピヨピヨちゃーん、おやつですよー。大好きないちごのクッキーですよー。
かごを草原ポケットに入れる

10 ナレーター
ピヨピヨちゃん

すると…。
木ポケット②から、ピヨピヨちゃんを出す
ワーイ、おやつだー！ ねずみさーん、かくれんぼ終わりー。ピヨピヨちゃんをⒶに付け、いちごのクッキーを草原ポケットに戻す
あら、ねずみさんとかくれんぼしていたの？

コッコ母さん

11 ナレーター

すると、ねこさんとねずみさんも出てきて…。
ねことねずみをポケットから出し、ねこをⒺに、ねずみをⒷに付ける
いちごのクッキー、食べたいなあ…。ピヨピヨちゃんとコッコ母さんを持つ

みんな

ええ、いいですよ。たくさん作ったからみんなもいっしょに食べましょう。えっ？ かえるさんも？ かえるさんには、春になって外に出てきたらごちそうしましょうね。

コッコ母さん

いっしょに食べましょう

おわり

人形デザイン／廣瀬厚子

森のかくれんぼ

人形が共通で簡単

＊「ねこちゃんの誕生日」「ポンポコパンやさん」と一部共通の人形を使います。

みんなが大好きな、かくれんぼで遊ぶ作品です。

＊作り方と型紙は73ページ

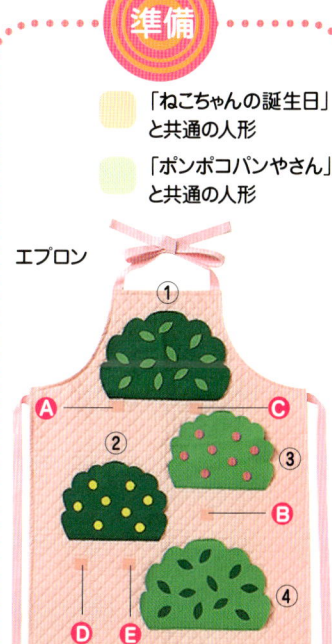

準備

- 「ねこちゃんの誕生日」と共通の人形
- 「ポンポコパンやさん」と共通の人形

エプロン

うさぎ　きつね　くま
ねずみ（a）　ねずみ（b）

● ポケット①にうさぎ、②にきつね、③にくま、④にねずみ（a）（b）を入れておきます。

＊Ⓐ～Ⓔは面ファスナーの凹面を示しています。

1
ナレーター　森でみんながかくれんぼをしていますよ。「もういいかい？」って、みんなで言ってみましょう。
みんな　もういいかーい？
ナレーター　まーだだよ。
みんなと、なん回か「もういいかい？」「まーだだよ」のやりとりを繰り返す

2
ナレーター　もういいよー。さあ、誰が隠れているのか、みんなで当ててみましょう。
ポケット①を指さす
ナレーター　ここに誰か隠れているみたいね。
ポケット①からうさぎの耳を少し引き出す
ナレーター　この長いお耳は、だあれ？
うさぎ！
ポケット①からうさぎを出す
みんな　あーあ、見つかっちゃった～
ナレーター　うさぎさんでした！
うさぎをⒶに付ける

3
ナレーター　こっちにも誰か隠れていますよ。
ポケット②からきつねのしっぽを少し引き出す
ナレーター　この黄色いしっぽは、だあれ？
みんな　あーっ、きつね！
ポケット②からきつねを出す
きつね　あれれ、見つかっちゃった。
きつねをⒷに付ける
ナレーター　きつねさんでした！

4 ナレーター おやおや、ここにも誰か隠れていますよ。ポケット③からくまの耳を少し引き出す
  みんな わかった、くまさん！
  くま あれ、ぼく、うまく隠れたと思ったのに。ポケット③からくまを出す くまをⓒに付ける
  ナレーター くまさんでした！

5 ナレーター ほかに隠れているのは誰かな？ ポケット④を指さし、耳に手を当てて聞くしぐさをする
  ナレーター おや？ カサコソとこの辺りで音がしますよ。小さい声でチュー。
  ナレーター あら、なにか声が聞こえましたよ。前より少し大きい声でチューチュー。
  ねずみ みんな、ねずみ！

6 ナレーター チューチュー、当たり！
  ねずみ(a) チュー、当たり！
  ナレーター チューチュー、当たり！
  ねずみ(b) を持つ
  ねずみ わあ、1匹だと思ったら、2匹も隠れていたの！
  ねずみ(a)(b)を1匹ずつポケット④から出す

7 ナレーター みんなみーつけた！
  ねずみ(a)(b)をⓓⓔに付ける

おわり

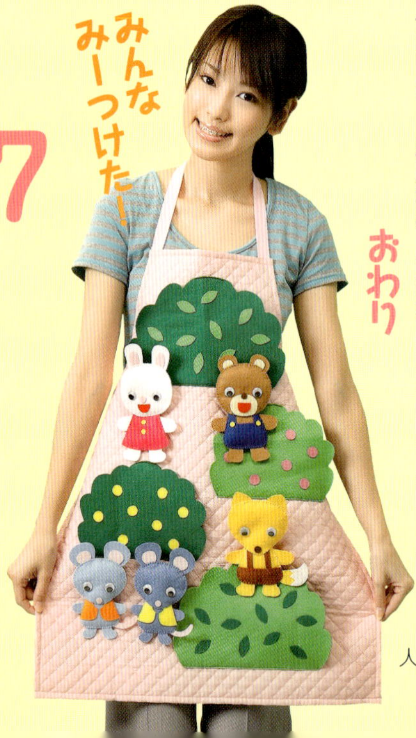

人形デザイン／廣瀬厚子

ねこちゃんの誕生日

人形が共通で簡単

＊「森のかくれんぼ」「ポンポコパンやさん」と一部共通の人形を使います。

ねこちゃんの誕生日に、うさぎちゃん、くまさん、ぞうさんはどんなプレゼントを持ってきてくれるかな？　子どもたちのワクワク感を高めるように、プレゼントの出し方をくふうしましょう。

＊作り方と型紙は78ページ

なにかなあ？　3
誰が来てくれるかな？　1
きょうはねこちゃんの誕生日です
わぁ、ケーキだ！
プレゼント　2

準備

エプロン　「森のかくれんぼ」「ポンポコパンやさん」と共通の人形

↓ポケット①　↓ポケット②

プレゼント(a)
ケーキ　ケーキを三つ折りにして、箱に入れる
箱

プレゼント(b)
魚　魚を三つ折りにして、箱に入れる
箱

ねこ　うさぎ　くま

ぞう・花束
（鼻に花束を付ける）

●ポケット①にうさぎ、くま、プレゼント(a)(b)を、ポケット②にぞうを入れる。ねこは Ⓐ に付ける。
＊Ⓐ〜Ⓖは面ファスナー凹面を示しています。

1
ねこを持つ
ナレーター（保育者）　きょうは、ねこちゃんの誕生日です。お友達がお祝いに来てくれるんだって。誰が来てくれるかな？
ねこを Ⓐ に戻す

2
ポケット①からうさぎとプレゼント(a)を出して
ナレーター　あっ、うさぎちゃんが来ましたよ。ねこちゃん、お誕生日おめでとう。
うさぎを Ⓑ に付け、プレゼントをみんなに見せる
うさぎ　はい、プレゼント。

3
ねこ　ありがとう、なにかなあ？
箱からケーキを少しずつ引き出す
ナレーター　みんな、なんだと思う？
箱を Ⓔ に付け、ケーキを少しずつ広げる
みんな　ケーキ！
ねこ　わぁ、ケーキだ！ありがとう！　お魚形のチョコレートが乗ってる！　ワーイ、ワーイ。
ケーキを Ⓓ に付ける

4
ねこ　あっ、くまさんが来ましたよ。
くま　ねこちゃん、お誕生日おめでとう。
　　　ポケット①からくまとプレゼント(b)を出す
　　　はい、プレゼント。
　　　箱からくまをみんなに見せる
ねこ　ありがとう、なにかなあ？
　　　あっ、しっぽが出てる！みんなもわかった？
　　　箱を©に付け、魚を少しずつ広げる。

5
ねこ　お魚！
　　　そう、お魚だ！大好き、大好き、うれしいな。
　　　魚を©に付け

6
ナレーター　ぞうさんでしたよ。
　　　　　　ポケット②からぞうを出す
ねこ　ぞうさん、お誕生日おめでとう。
　　　はい、プレゼント！きれいなお花！ありがとう。
　　　ぞうの鼻から花束を外し、ねこに持たせる

7
ねこ　それだけじゃないよ。もうひとつプレゼント！
ぞう　えっ、ほかにもあるの？
ねこ　うん、ぼくの背中に乗せてあげるよ！
ナレーター　ぞうの背中にねこを乗せて、ひと回りする（みんなで「♪ハッピーバースデイ・トゥ・ユー」をうたってもよい）

8
ナレーター　ねこちゃんの楽しい誕生日、よかったね。

おわり

人形デザイン／廣瀬厚子

ポンポコパンやさん

人形が共通で簡単

＊「森のかくれんぼ」「ねこちゃんの誕生日」と一部共通の人形を使います。

お店やさんごっこの好きな子どもたちにぴったりのシアターです。後半は手遊びを交えてうたいながら、楽しく締めくくりましょう。

＊作り方と型紙は82ページ

「いらっしゃーい」

1

エプロン
ショーケースのポケット
ポケット①　ポケット②

準備

- 「森のかくれんぼ」と共通の人形
- 「ねこちゃんの誕生会」と共通の人形
- 袋
- トレー

たぬき　うさぎ　くま　きつね　ねずみ

 チョコパン（2個）
 ねじりドーナツ
 ポンポコパン
 チーズパン

 あんパン
 クリームパン
　メロンパン
 サンドイッチ

 葉っぱのお金
 パンの耳
 食パン

● ポケット①には動物を、ポケット②には葉っぱのお金、袋、トレーを入れておく。パン（11個）はショーケースのポケットに入れ、たぬきはAに付けておく。

＊A〜Oは面ファスナー凹面を示しています。

1

ナレーター（保育者） ここは、動物村のたぬきのパンやさんです。
さあ、きょうもおいしいパンが焼けたぞ。メロンパン、食パン、クリームパン……。ショーケースのポケットから、1つずつパンを出して、E〜Oに付ける

たぬきを持つ

たぬき ♪ポンポコ ポンポコ たぬきのパン♪ポンポコ 焼きたて たぬきのパン いらっしゃーい、いらっしゃーい。
♪の所は、リズミカルに自由にうたう

2
うさぎ　いらっしゃい！ 焼きたてですよ。
たぬき　おやつに買っていきましょう。
うさぎ　「ポンポコパン」を指さしながら　どれもおいしそう。これはなんというパン？
たぬき　それは「ポンポコパン」といいまして、当店自慢のたぬきのおなか形のパンですよ。

3
うさぎ　まあ、珍しいパンだこと。では、ポンポコパンをいただきましょう。はい、お金。
たぬき　うさぎを❸に付け、ポケット②から葉っぱのお金を出す
はい、ありがとうございます。
うさぎ　葉っぱのお金をポケット②に戻す

4
うさぎ　ポケット②から袋を出して、ポンポコパンを入れる
うさぎと、ポンポコパンを入れた袋を持ち、左右に振る
わーい、ありがとう。
うさぎとポンポコパンはポケット①に、袋はポケット②に入れる

5
ナレーター　今度は、くまさんがやって来ました。
ポケット①からくまを出す
くま　こんにちは！
たぬき　いらっしゃい！
くま　食パンをください。
たぬき　食パンを指さす

6
くま　ポケット②から葉っぱのお金を出す
はい、お金。
たぬき　はい、ありがとうございます。
葉っぱのお金をポケット②に戻し、袋を出して食パンを入れる
くま　うーん、いいにおい。早く帰って食べようっと。
くまと、食パンを入れた袋を持ち、左右に振る

10

チョコパンふたつ♪

ハイどうぞ

11

このパンはぼくの分！

9

1 ♪パンパンパンやさんに おかいもの
曲に合わせて拍手をします。

2 ♪サンドイッチに
両手でほおを挟みます。

3 ♪メロンパン
両手で「あかんべー」のしぐさをします。

4 ♪ねじりドーナツ
鼻をつまんでねじります。

5 ♪パンのみみ
両耳を引っ張ります。

6 ♪チョコパンふたつ　くださいな
両脇の下をくすぐるしぐさをします。

9

ナレーター　さあ、今度はみんなでパンやさんにお買い物に行きましょう。パンやさんに歌で注文をしますよ。いっしょに手遊びをしてね。
「パンやさんにおかいもの」（作詞／佐倉智子　作曲／おざわたつゆき　振り付け／阿部直美）の歌の1番に合わせて、手遊びをする（85ページの楽譜参照）

10

ナレーター　ポケット②からトレーを出して、Ⓒに付けてくれました。
「パンやさんにおかいもの」の歌の2番に合わせて、パンをトレーに載せていく

♪ホイホイたくさん　まいどあり
サンドイッチに　メロンパン
ねじりドーナツ　パンのみみ
チョコパンふたつ　ハイどうぞ

11

ナレーター　みんなも上手にお買い物ができました。きょうのパンは、ほーら、もう売り切れ！　あら？　1つ残っていますね。
クリームパンを指さし、たぬきといっしょに持つ
このパンはぼくの分！　……ねっ。
たぬき
ナレーター　たぬきのパンやさん、あしたもおいしいパンをたくさん焼いてね。

おわり

人形デザイン／廣瀬厚子

基本のエプロンの作り方

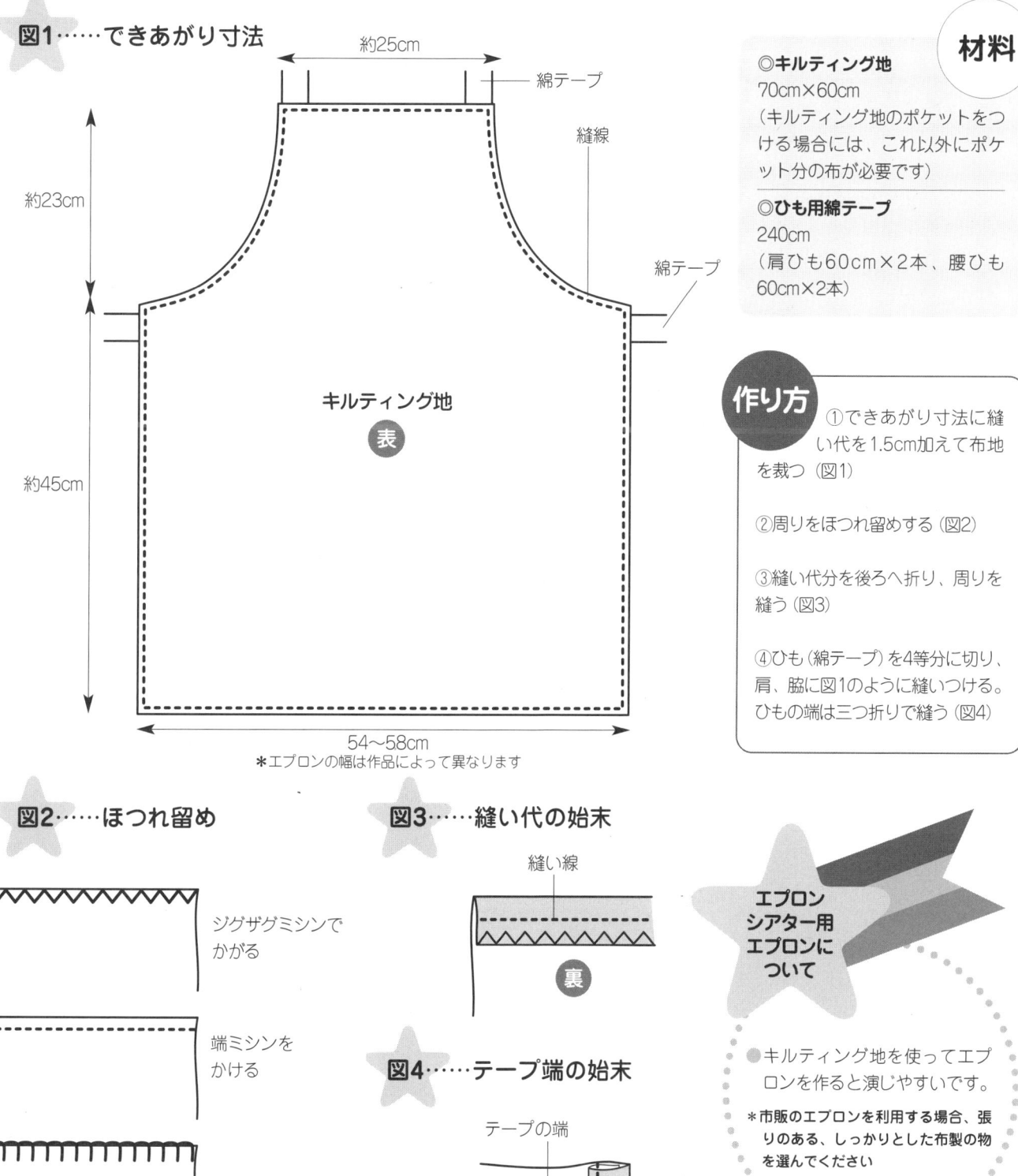

図1……できあがり寸法

約25cm / 綿テープ / 縫線 / 綿テープ / 約23cm / 約45cm / キルティング地 表 / 54〜58cm
＊エプロンの幅は作品によって異なります

材料

◎キルティング地
70cm×60cm
（キルティング地のポケットをつける場合には、これ以外にポケット分の布が必要です）

◎ひも用綿テープ
240cm
（肩ひも60cm×2本、腰ひも60cm×2本）

作り方

①できあがり寸法に縫い代を1.5cm加えて布地を裁つ（図1）

②周りをほつれ留めする（図2）

③縫い代分を後ろへ折り、周りを縫う（図3）

④ひも（綿テープ）を4等分に切り、肩、脇に図1のように縫いつける。ひもの端は三つ折りで縫う（図4）

図2……ほつれ留め

ジグザグミシンでかがる

端ミシンをかける

手でかがる

図3……縫い代の始末

縫い線 / 裏

図4……テープ端の始末

テープの端
三つ折りにして縫う

エプロンシアター用エプロンについて

●キルティング地を使ってエプロンを作ると演じやすいです。

＊市販のエプロンを利用する場合、張りのある、しっかりとした布製の物を選んでください

大きなかぶの作り方 型紙

エプロンとポケット

作り方

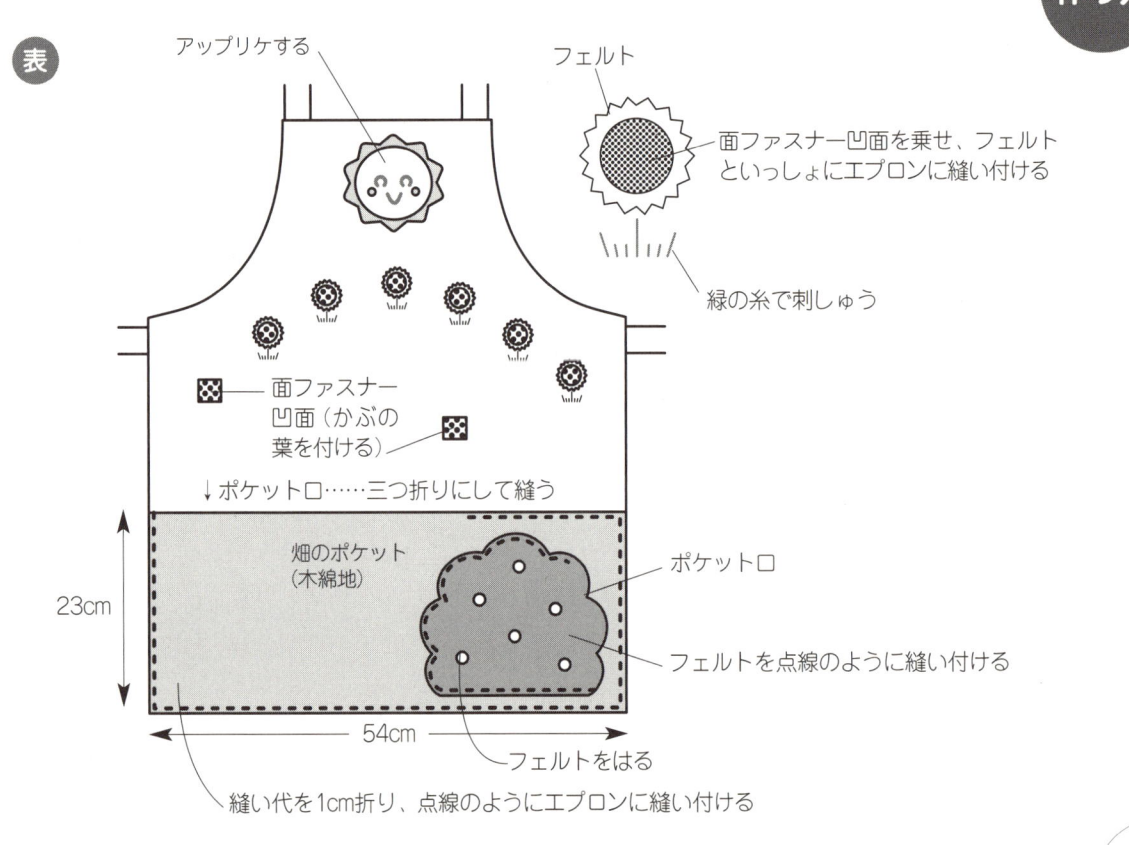

材料

◎エプロン
・ピンク色のエプロン
　（作り方は33ページ）
・フェルト
・面ファスナー（凹面）（白、黄、ピンク）
・木綿地（茶）
　（約56cm×26cm……畑のポケット用）
・刺しゅう糸

◎人形
・フェルト
・木綿地
　（白）（約50cm×32cm……かぶ用）
　（オレンジ）（約40cm×30cm……鍋用）
・綿
・刺しゅう糸
・面ファスナー（凸面）

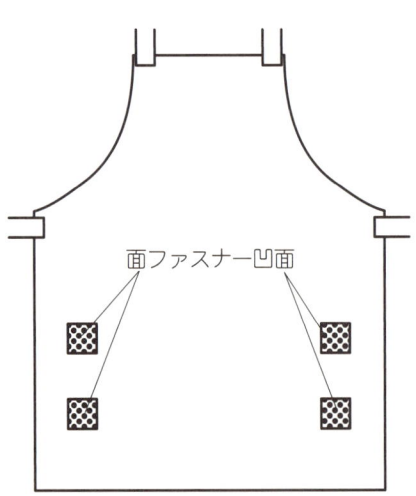

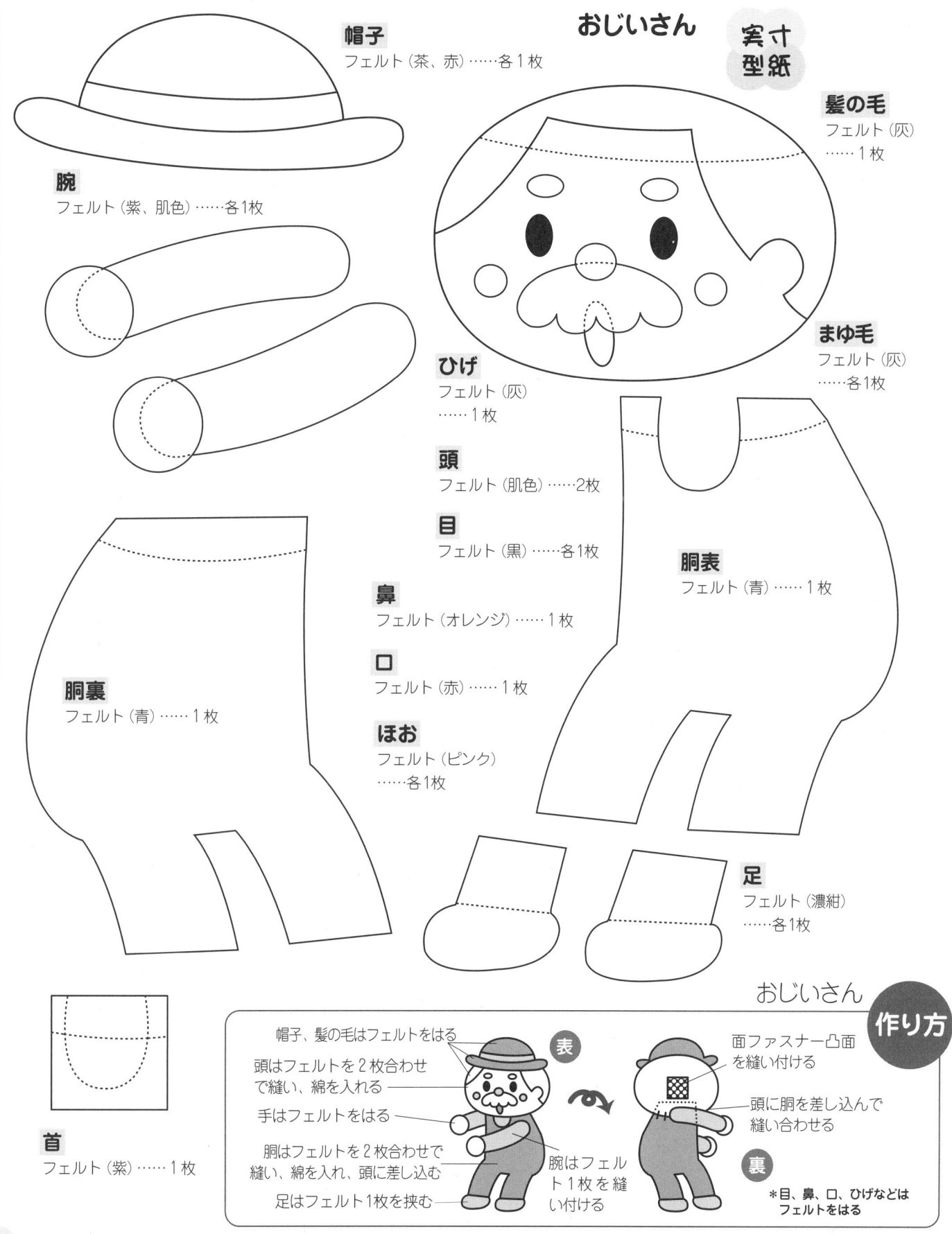

大きなかぶの作り方 型紙

おじいさん 実寸型紙

帽子 フェルト(茶、赤)……各1枚

腕 フェルト(紫、肌色)……各1枚

髪の毛 フェルト(灰)……1枚

まゆ毛 フェルト(灰)……各1枚

ひげ フェルト(灰)……1枚

頭 フェルト(肌色)……2枚

目 フェルト(黒)……各1枚

鼻 フェルト(オレンジ)……1枚

口 フェルト(赤)……1枚

ほお フェルト(ピンク)……各1枚

胴裏 フェルト(青)……1枚

胴表 フェルト(青)……1枚

足 フェルト(濃紺)……各1枚

首 フェルト(紫)……1枚

おじいさん 作り方

- 帽子、髪の毛はフェルトをはる
- 頭はフェルトを2枚合わせで縫い、綿を入れる
- 手はフェルトをはる
- 胴はフェルトを2枚合わせで縫い、綿を入れ、頭に差し込む
- 足はフェルト1枚を挟む
- 腕はフェルト1枚を縫い付ける

表

- 面ファスナー凸面を縫い付ける
- 頭に胴を差し込んで縫い合わせる

裏

＊目、鼻、口、ひげなどはフェルトをはる

おばあさん

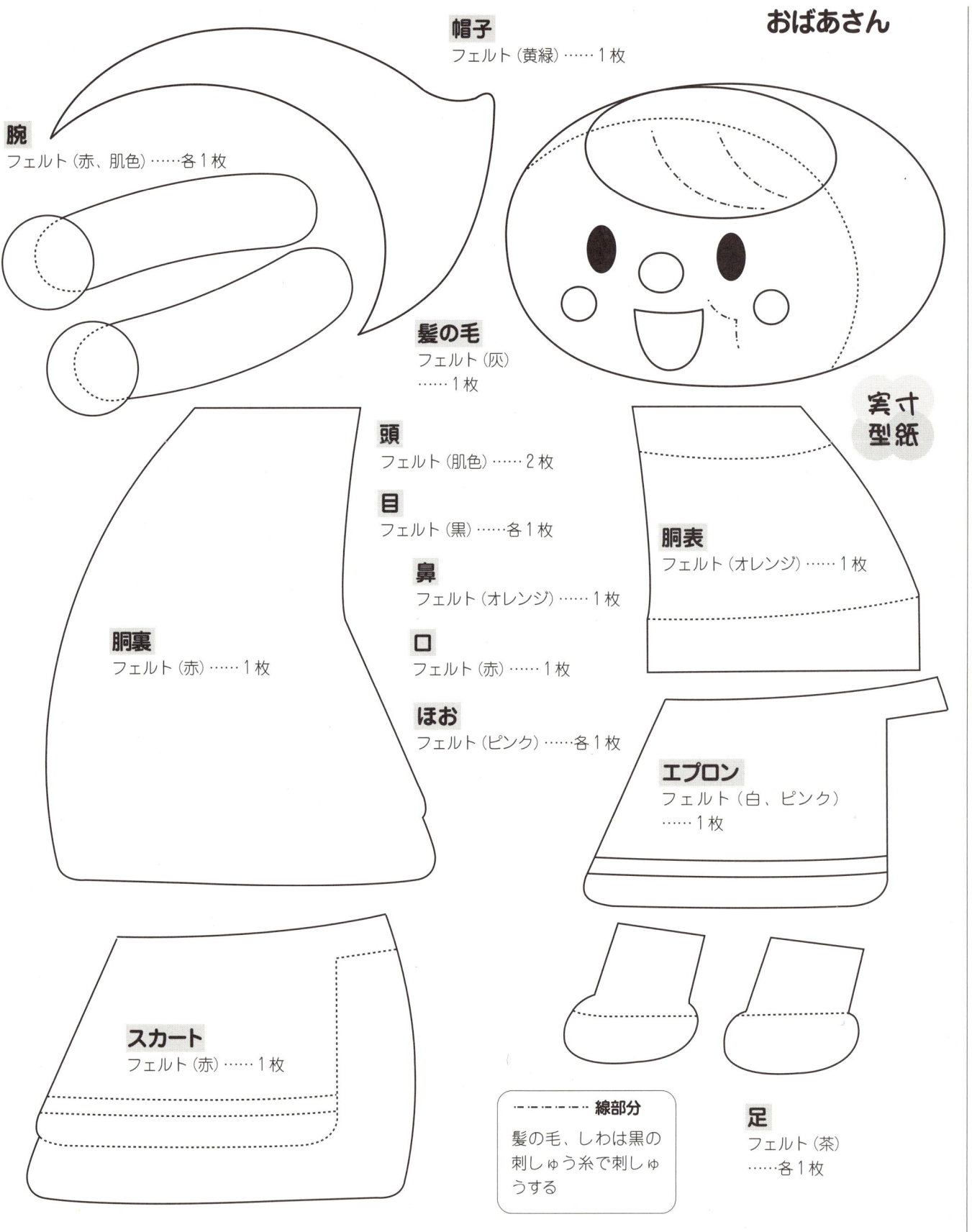

大きなかぶの作り方 型紙

実寸型紙

- **帽子** フェルト(黄緑)……1枚
- **腕** フェルト(赤、肌色)……各1枚
- **髪の毛** フェルト(灰)……1枚
- **頭** フェルト(肌色)……2枚
- **目** フェルト(黒)……各1枚
- **鼻** フェルト(オレンジ)……1枚
- **口** フェルト(赤)……1枚
- **ほお** フェルト(ピンク)……各1枚
- **胴裏** フェルト(赤)……1枚
- **胴表** フェルト(オレンジ)……1枚
- **エプロン** フェルト(白、ピンク)……1枚
- **スカート** フェルト(赤)……1枚
- **足** フェルト(茶)……各1枚

------ **線部分**
髪の毛、しわは黒の刺しゅう糸で刺しゅうする

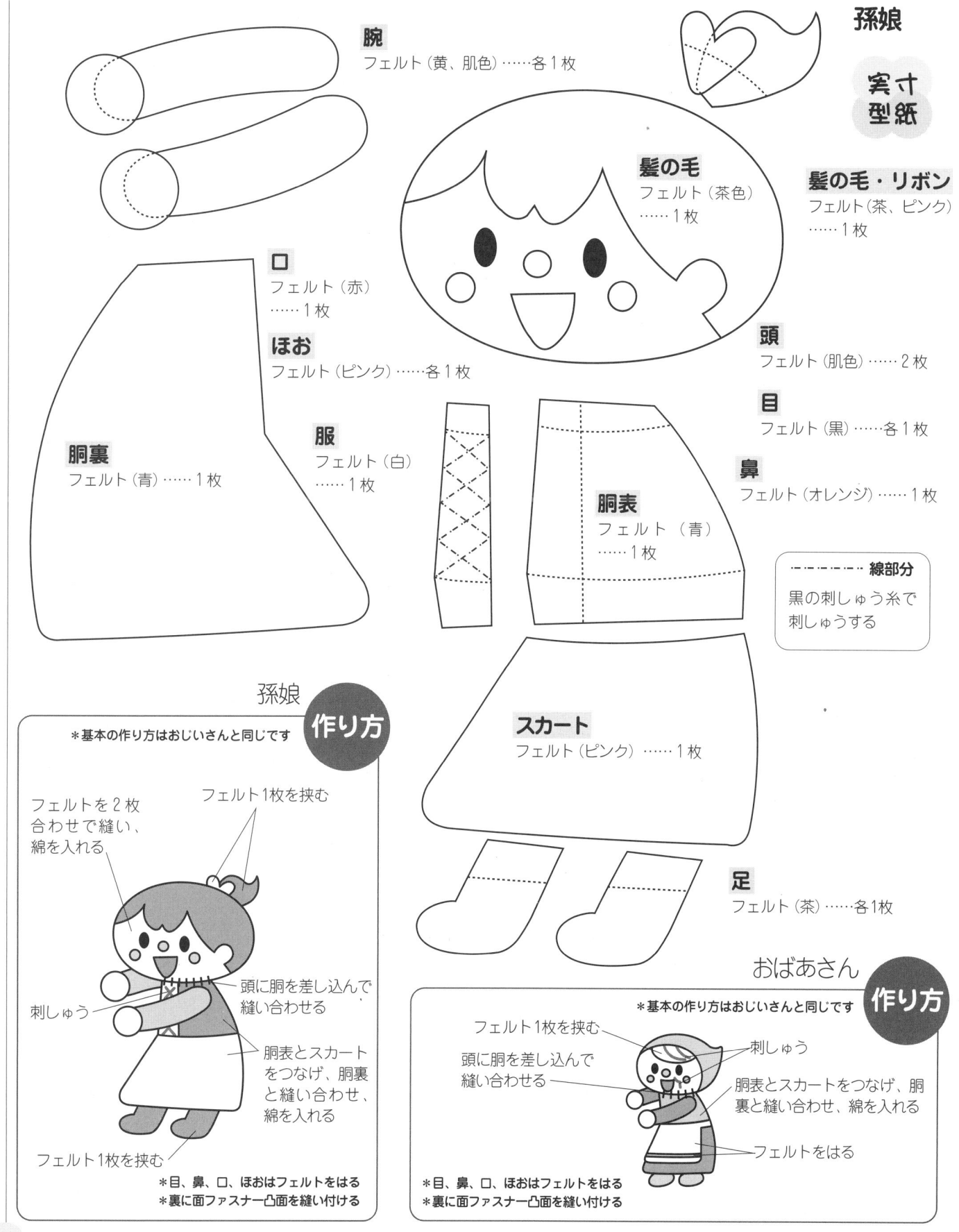

大きなかぶの作り方 型紙

孫娘 実寸型紙

腕 フェルト（黄、肌色）……各1枚

髪の毛 フェルト（茶色）……1枚

髪の毛・リボン フェルト（茶、ピンク）……1枚

口 フェルト（赤）……1枚

ほお フェルト（ピンク）……各1枚

頭 フェルト（肌色）……2枚

目 フェルト（黒）……各1枚

胴裏 フェルト（青）……1枚

服 フェルト（白）……1枚

胴表 フェルト（青）……1枚

鼻 フェルト（オレンジ）……1枚

-・-・-・- 線部分
黒の刺しゅう糸で刺しゅうする

スカート フェルト（ピンク）……1枚

足 フェルト（茶）……各1枚

孫娘 作り方

＊基本の作り方はおじいさんと同じです

- フェルトを2枚合わせで縫い、綿を入れる
- フェルト1枚を挟む
- 刺しゅう
- 頭に胴を差し込んで縫い合わせる
- 胴表とスカートをつなげ、胴裏と縫い合わせ、綿を入れる
- フェルト1枚を挟む

＊目、鼻、口、ほおはフェルトをはる
＊裏に面ファスナー凸面を縫い付ける

おばあさん 作り方

＊基本の作り方はおじいさんと同じです

- フェルト1枚を挟む
- 刺しゅう
- 頭に胴を差し込んで縫い合わせる
- 胴表とスカートをつなげ、胴裏と縫い合わせ、綿を入れる
- フェルトをはる

＊目、鼻、口、ほおはフェルトをはる
＊裏に面ファスナー凸面を縫い付ける

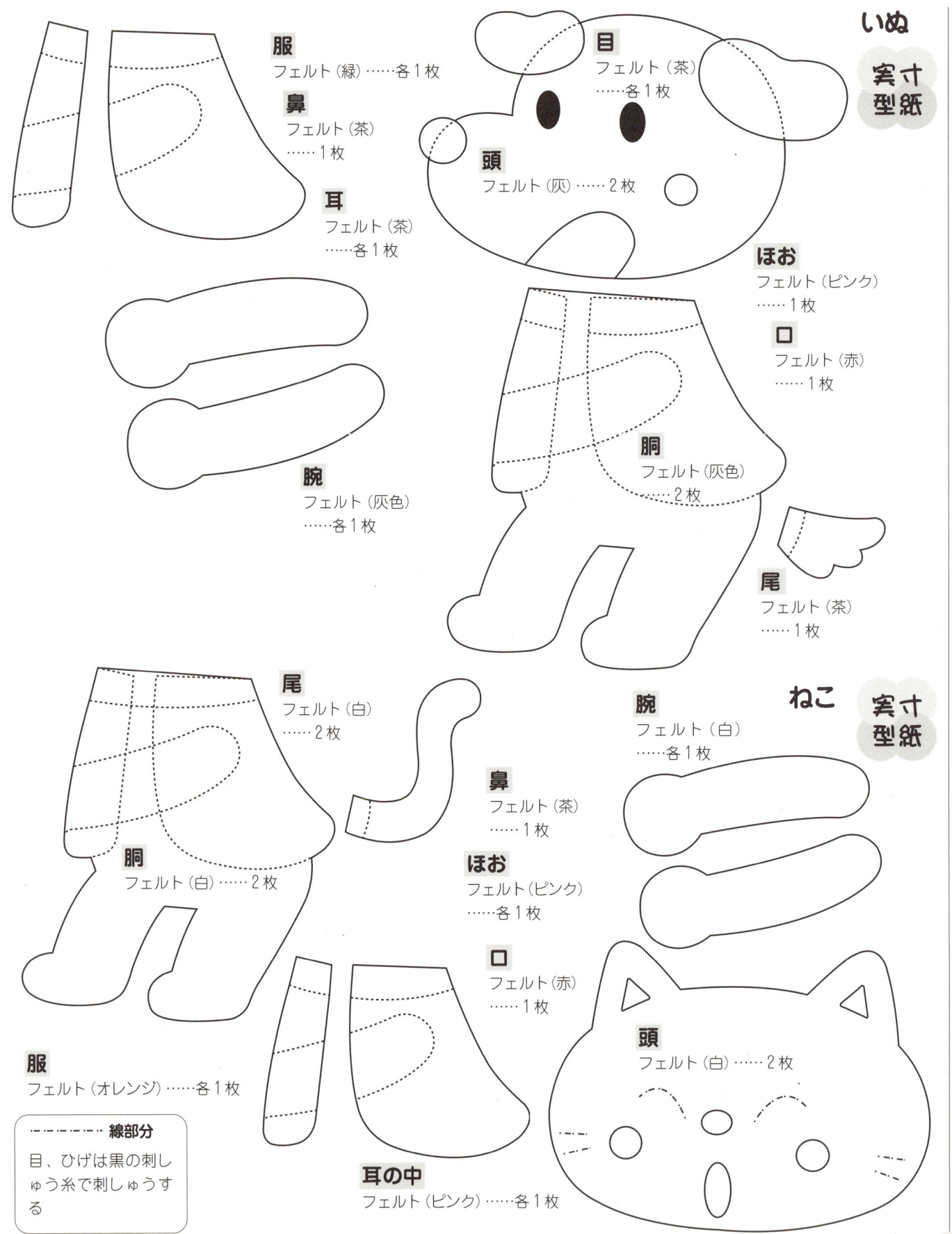

大きなかぶの作り方 型紙

いぬ 実寸型紙

服 フェルト（緑）……各1枚

鼻 フェルト（茶）……1枚

耳 フェルト（茶）……各1枚

目 フェルト（茶）……各1枚

頭 フェルト（灰）……2枚

ほお フェルト（ピンク）……1枚

口 フェルト（赤）……1枚

胴 フェルト（灰色）……2枚

腕 フェルト（灰色）……各1枚

尾 フェルト（茶）……1枚

ねこ 実寸型紙

尾 フェルト（白）……2枚

胴 フェルト（白）……2枚

服 フェルト（オレンジ）……各1枚

腕 フェルト（白）……各1枚

鼻 フェルト（茶）……1枚

ほお フェルト（ピンク）……各1枚

口 フェルト（赤）……1枚

頭 フェルト（白）……2枚

耳の中 フェルト（ピンク）……各1枚

- - - **線部分**
目、ひげは黒の刺しゅう糸で刺しゅうする

大きなかぶの作り方 型紙

木

200%に拡大コピーして使用

木
フェルト（緑）……1枚

実
フェルト（オレンジ）……6枚

太陽

実寸型紙

太陽
フェルト（赤）……1枚

太陽
フェルト（オレンジ）……1枚

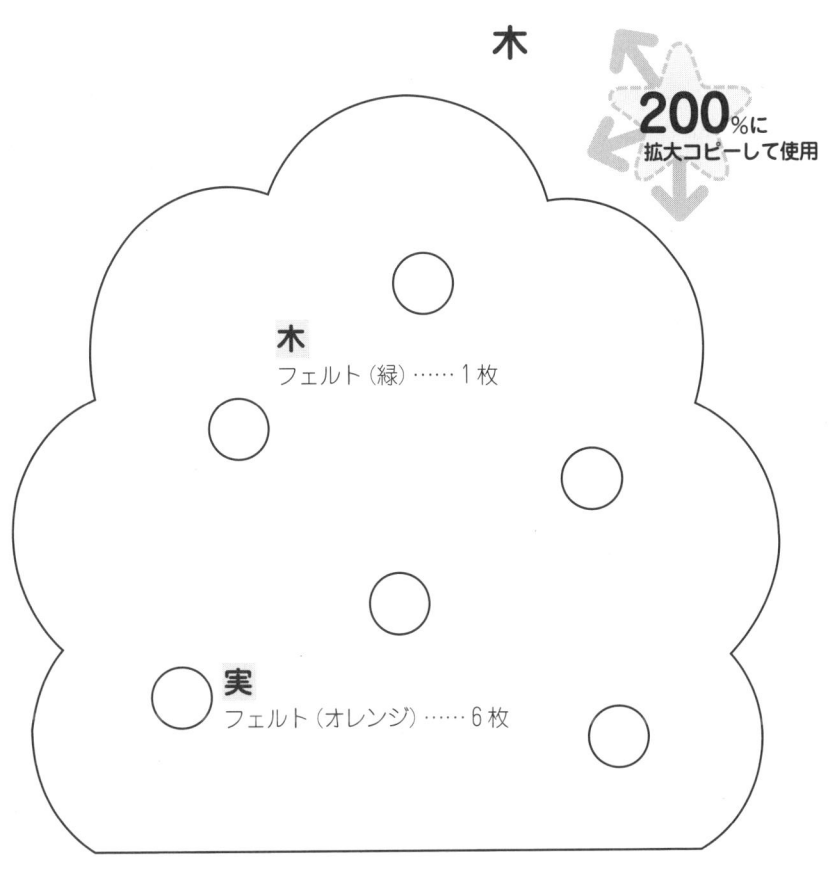

ほお
フェルト（ピンク）……各1枚

ねこ 作り方

- 刺しゅう
- 頭はフェルトを2枚合わせで縫い、綿を入れる
- フェルト1枚を縫い付ける
- 頭に胴を差し込んで縫い合わせる
- 胴はフェルトを2枚合わせで縫い、綿を入れる
- フェルトを2枚合わせで縫う

＊耳の中、鼻、口、ほおはフェルトをはる
＊裏に面ファスナー凸面を縫い付ける

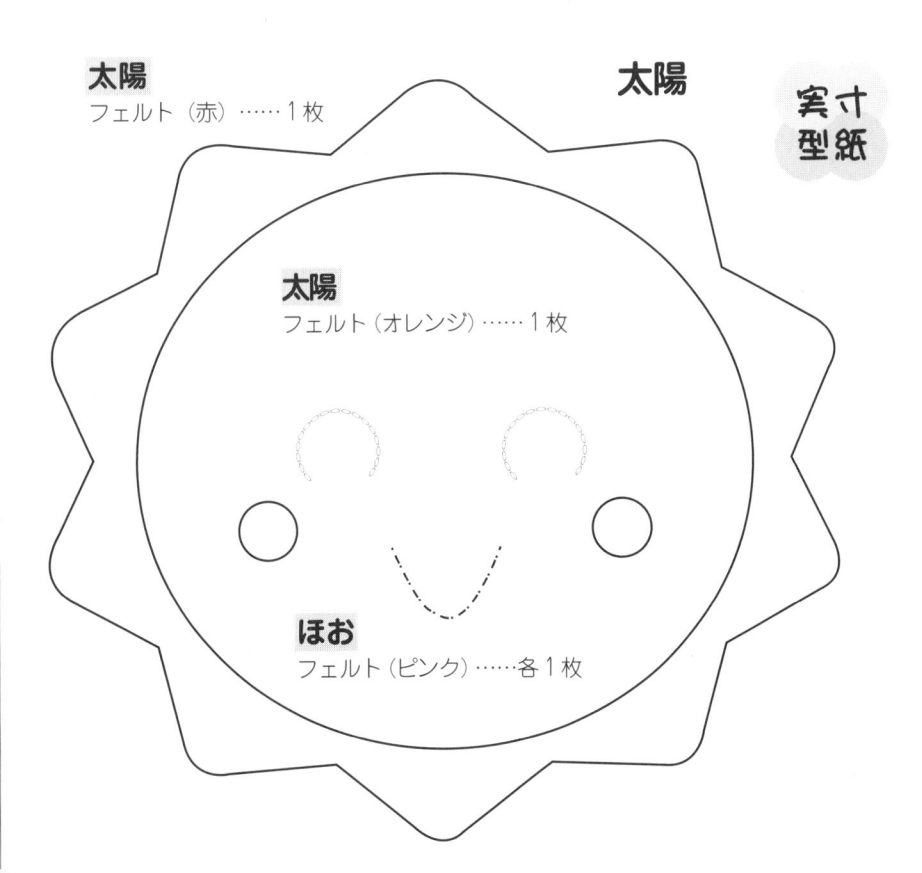

いぬ 作り方

＊基本の作り方はねこと同じです

- フェルトをはる
- フェルト1枚を挟む

＊裏に面ファスナー凸面を縫い付ける

線部分
黒の刺しゅう糸でチェーンステッチ

線部分
赤の刺しゅう糸で刺しゅうする

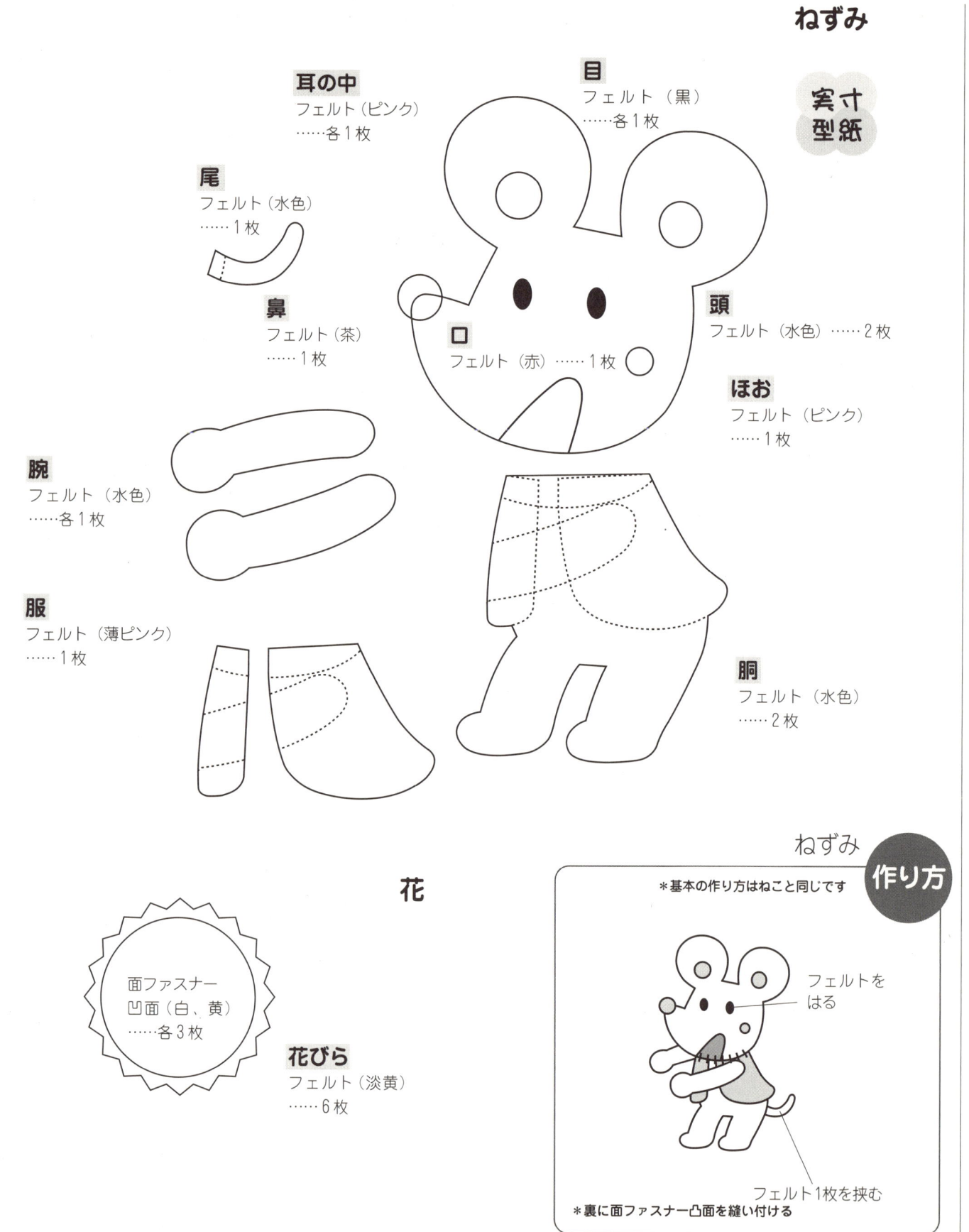

大きなかぶの作り方 型紙

ねずみ

実寸型紙

耳の中 フェルト（ピンク）……各1枚

目 フェルト（黒）……各1枚

尾 フェルト（水色）……1枚

鼻 フェルト（茶）……1枚

口 フェルト（赤）……1枚

頭 フェルト（水色）……2枚

ほお フェルト（ピンク）……1枚

腕 フェルト（水色）……各1枚

服 フェルト（薄ピンク）……1枚

胴 フェルト（水色）……2枚

花

面ファスナー凹面（白、黄）……各3枚

花びら フェルト（淡黄）……6枚

ねずみ 作り方

＊基本の作り方はねこと同じです

フェルトをはる

フェルト1枚を挟む

＊裏に面ファスナー凸面を縫い付ける

大きなかぶの作り方 型紙

線部分
黒の刺しゅう糸で刺しゅうする

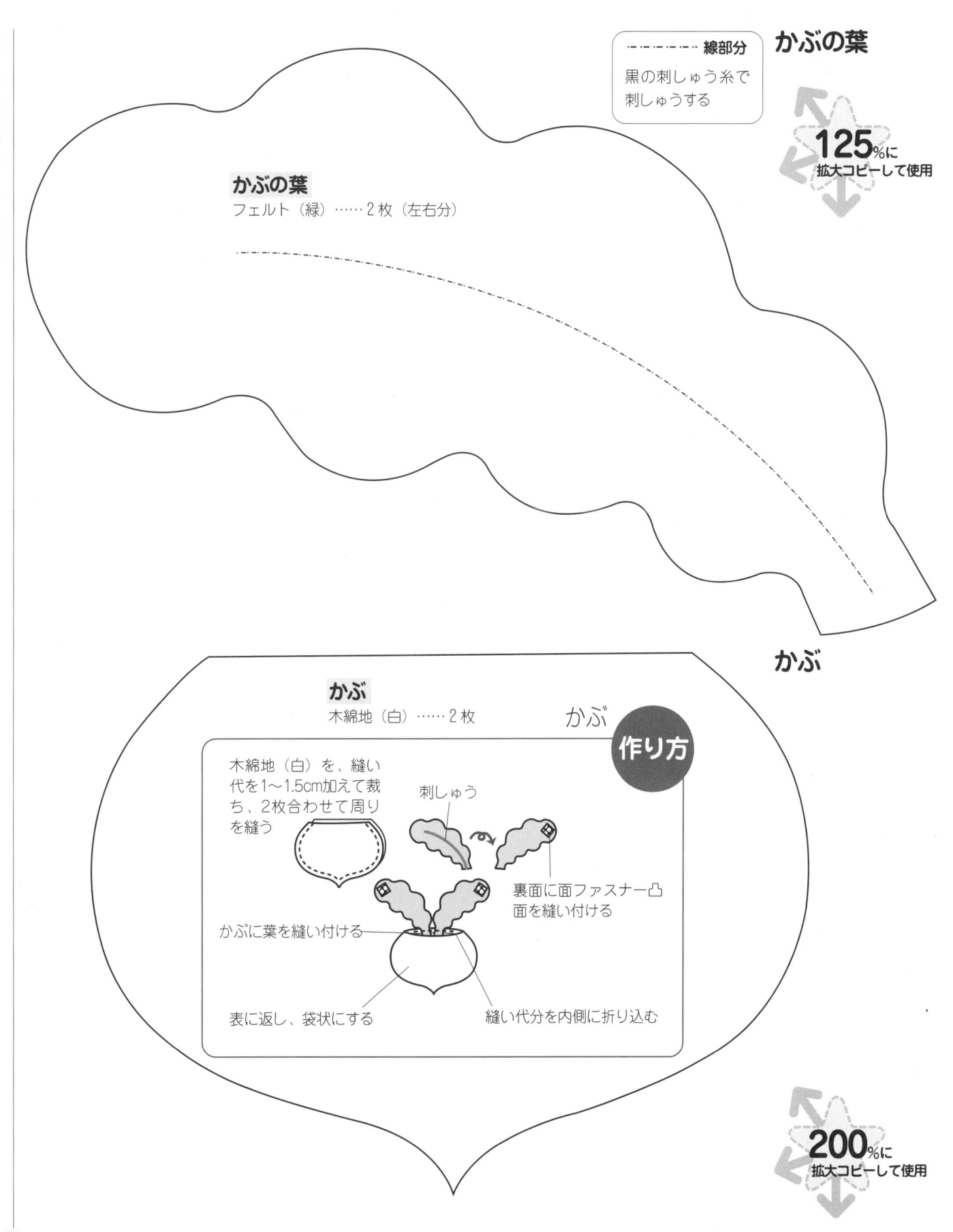

かぶの葉

125%に拡大コピーして使用

かぶの葉
フェルト（緑）……2枚（左右分）

かぶ

かぶ
木綿地（白）……2枚

かぶ

作り方

木綿地（白）を、縫い代を1〜1.5cm加えて裁ち、2枚合わせて周りを縫う

刺しゅう

裏面に面ファスナー凸面を縫い付ける

かぶに葉を縫い付ける

表に返し、袋状にする

縫い代分を内側に折り込む

200%に拡大コピーして使用

大きなかぶの作り方 型紙

125%に拡大コピーして使用

鍋
木綿地（オレンジ）……2枚

かぶと鍋　作り方

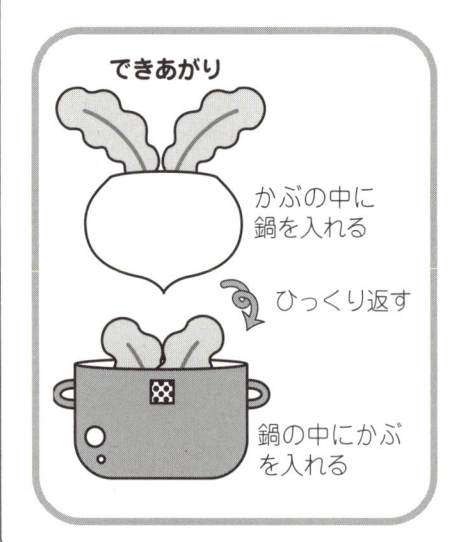

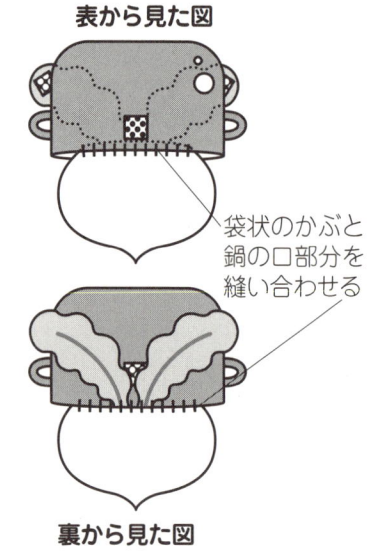

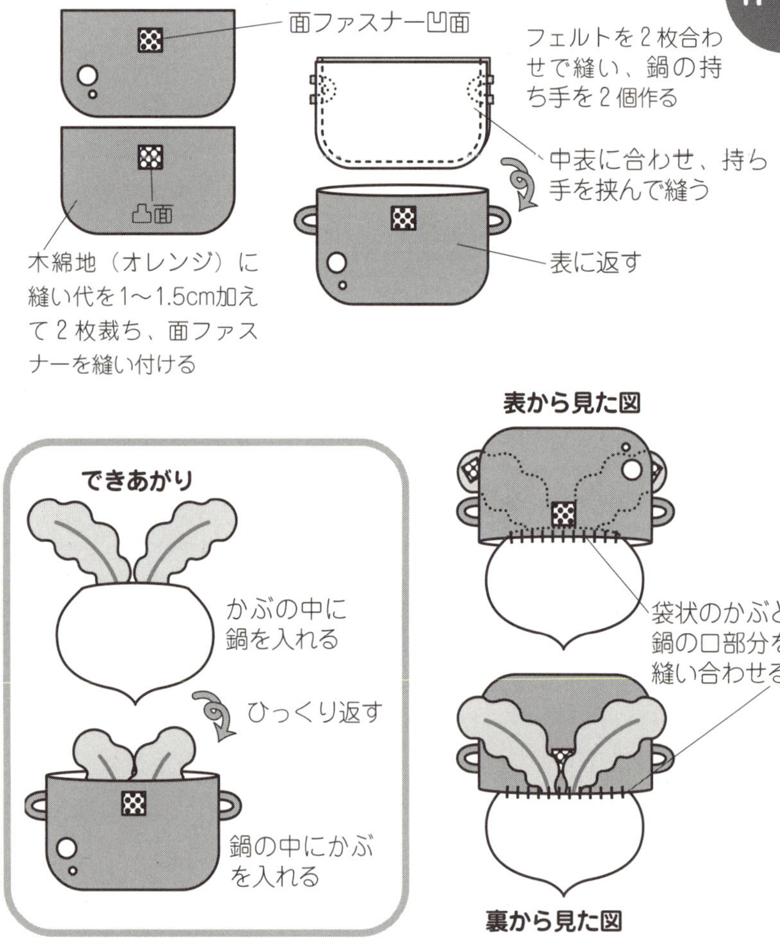

- 面ファスナー凹面
- 木綿地（オレンジ）に縫い代を1～1.5cm加えて2枚裁ち、面ファスナーを縫い付ける
- 凸面

- フェルトを2枚合わせで縫い、鍋の持ち手を2個作る
- 中表に合わせ、持ち手を挟んで縫う
- 表に返す

表から見た図
袋状のかぶと鍋の口部分を縫い合わせる

裏から見た図

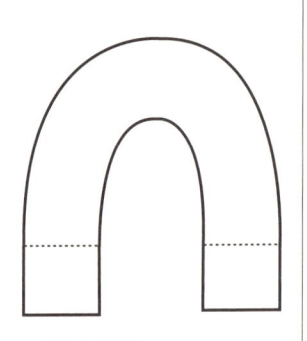

できあがり
- かぶの中に鍋を入れる
- ひっくり返す
- 鍋の中にかぶを入れる

持ち手
フェルト（オレンジ）……2枚×2組

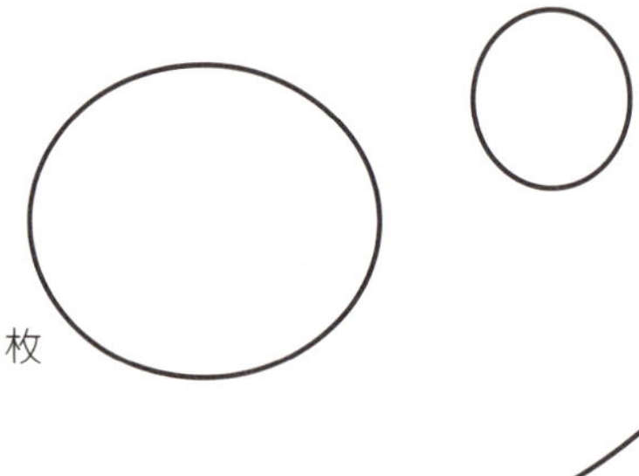

反射光
フェルト（白）……各1枚

ねずみのすもうの作り方 型紙

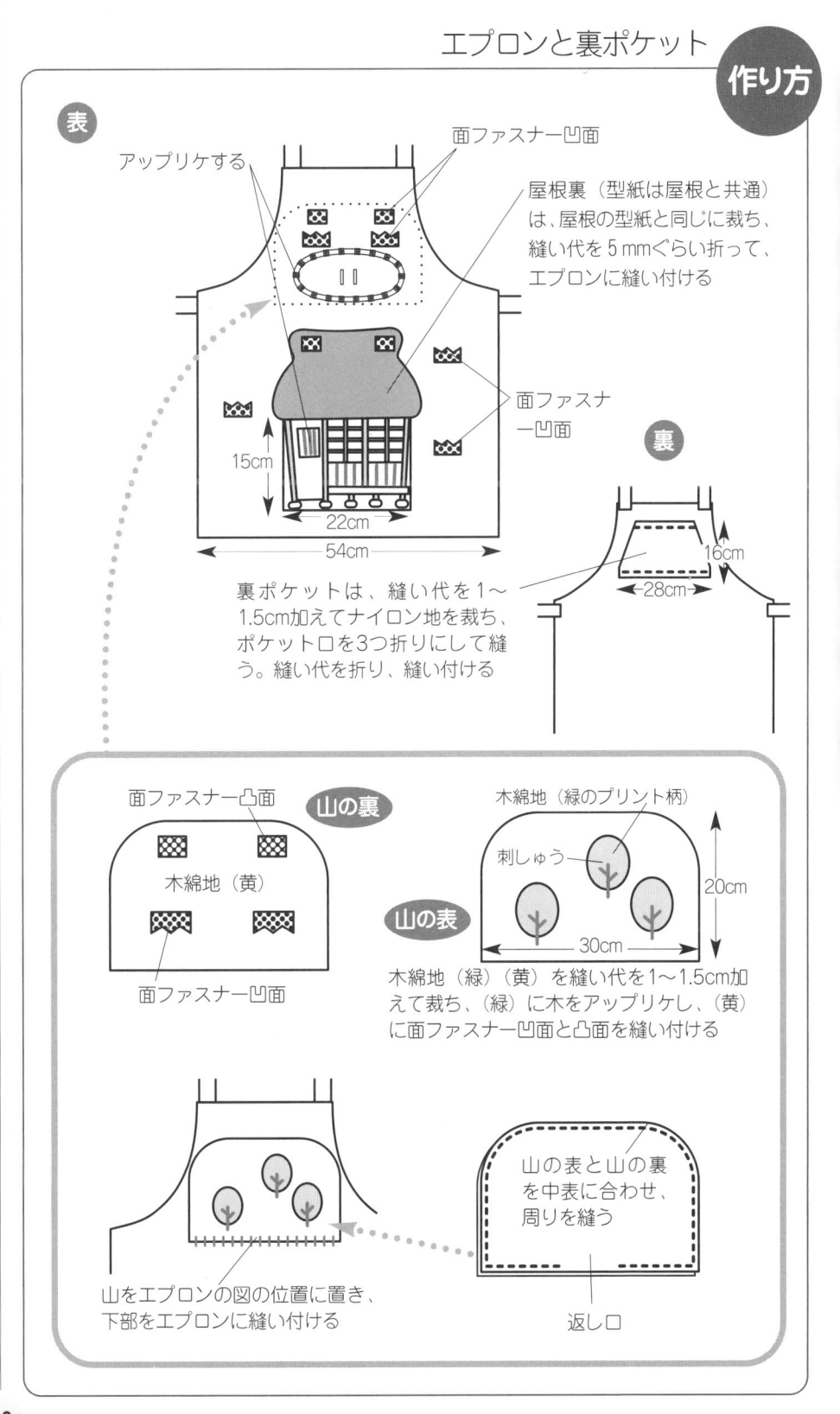

エプロンと裏ポケット

作り方

表
- アップリケする
- 面ファスナー凹面
- 屋根裏（型紙は屋根と共通）は、屋根の型紙と同じに裁ち、縫い代を5mmぐらい折って、エプロンに縫い付ける
- 面ファスナー凹面
- 15cm
- 22cm
- 54cm

裏
- 16cm
- 28cm

裏ポケットは、縫い代を1～1.5cm加えてナイロン地を裁ち、ポケット口を3つ折りにして縫う。縫い代を折り、縫い付ける

山の裏
- 面ファスナー凸面
- 木綿地（黄）
- 面ファスナー凹面

山の表
- 木綿地（緑のプリント柄）
- 刺しゅう
- 20cm
- 30cm

木綿地（緑）（黄）を縫い代を1～1.5cm加えて裁ち、（緑）に木をアップリケし、（黄）に面ファスナー凹面と凸面を縫い付ける

山をエプロンの図の位置に置き、下部をエプロンに縫い付ける

山の表と山の裏を中表に合わせ、周りを縫う

返し口

材料

◎エプロン
- 黄色のエプロン（作り方は33ページ）
- フェルト
- 木綿地
  - （緑）約33cm×24cm（山用）
  - （黄）約33cm×24cm（山用）
  - （プリント）約30cm×7cm（木用）
  - （茶）約27cm×16cm（屋根裏用）
  - （黄）約26cm×17cm（家用）
  - （白）約15cm×9cm（障子用）
- 面ファスナー（凹面）（黄、茶、緑）
- ナイロン地（薄い布）約32cm×18cm（裏ポケット用）

◎人形
- フェルト
- 綿
- 刺しゅう糸
- 面ファスナー（凸面）
- 厚紙
- 糸
- ひも
- 金紙

ねずみのすもうの作り方 型紙

家

200%に拡大コピーして使用

- - - - - 線部分
黒の刺しゅう糸で刺しゅうする

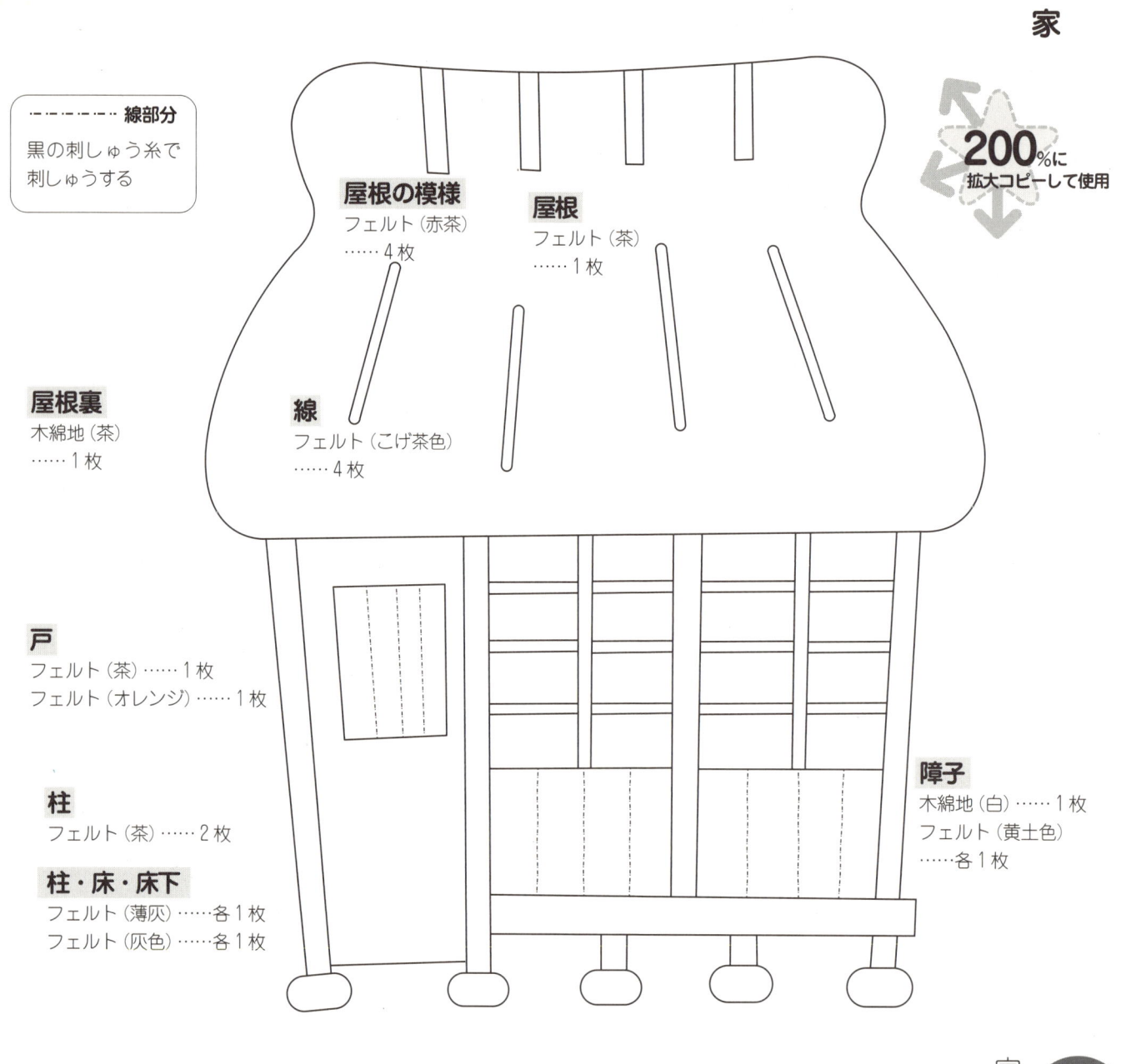

屋根の模様
フェルト（赤茶）……4枚

屋根
フェルト（茶）……1枚

屋根裏
木綿地（茶）……1枚

線
フェルト（こげ茶色）……4枚

戸
フェルト（茶）……1枚
フェルト（オレンジ）……1枚

柱
フェルト（茶）……2枚

柱・床・床下
フェルト（薄灰）……各1枚
フェルト（灰色）……各1枚

障子
木綿地（白）……1枚
フェルト（黄土色）……各1枚

家 作り方

表：フェルトをはる

裏：面ファスナー凸面、フェルトをはる

エプロンの屋根の上に重ね、下辺を縫い合わせる

木綿地（黄色）を、縫い代を1～1.5cm加えて裁ち、左右のポケット口を3つ折りにして縫う

柱などをアップリケする

上部、下部をエプロンに縫い付ける

←ポケット口
ポケット口→
刺しゅう

44

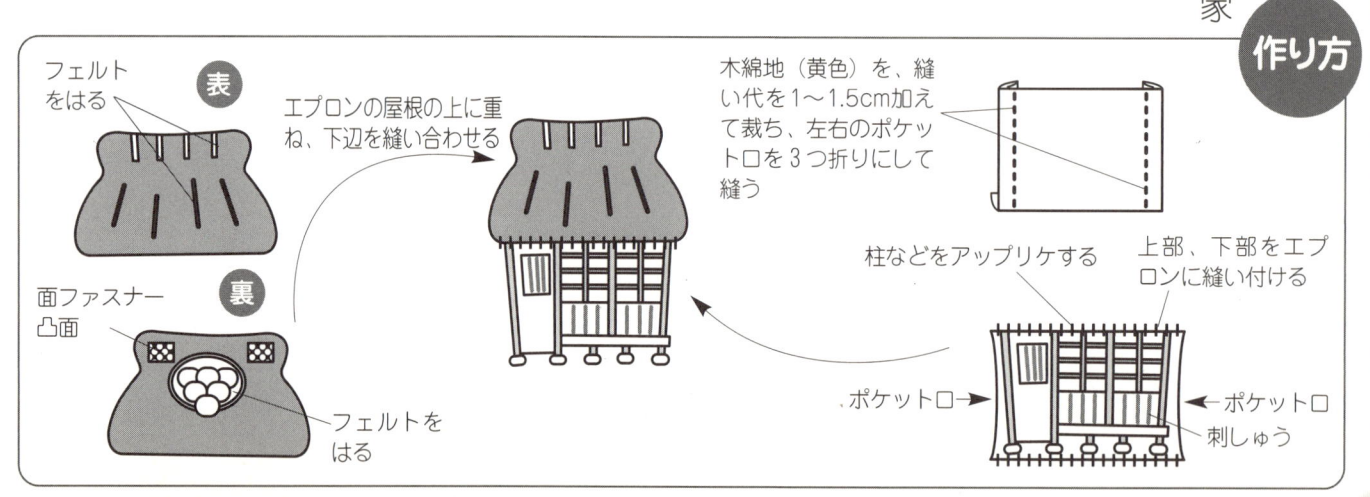

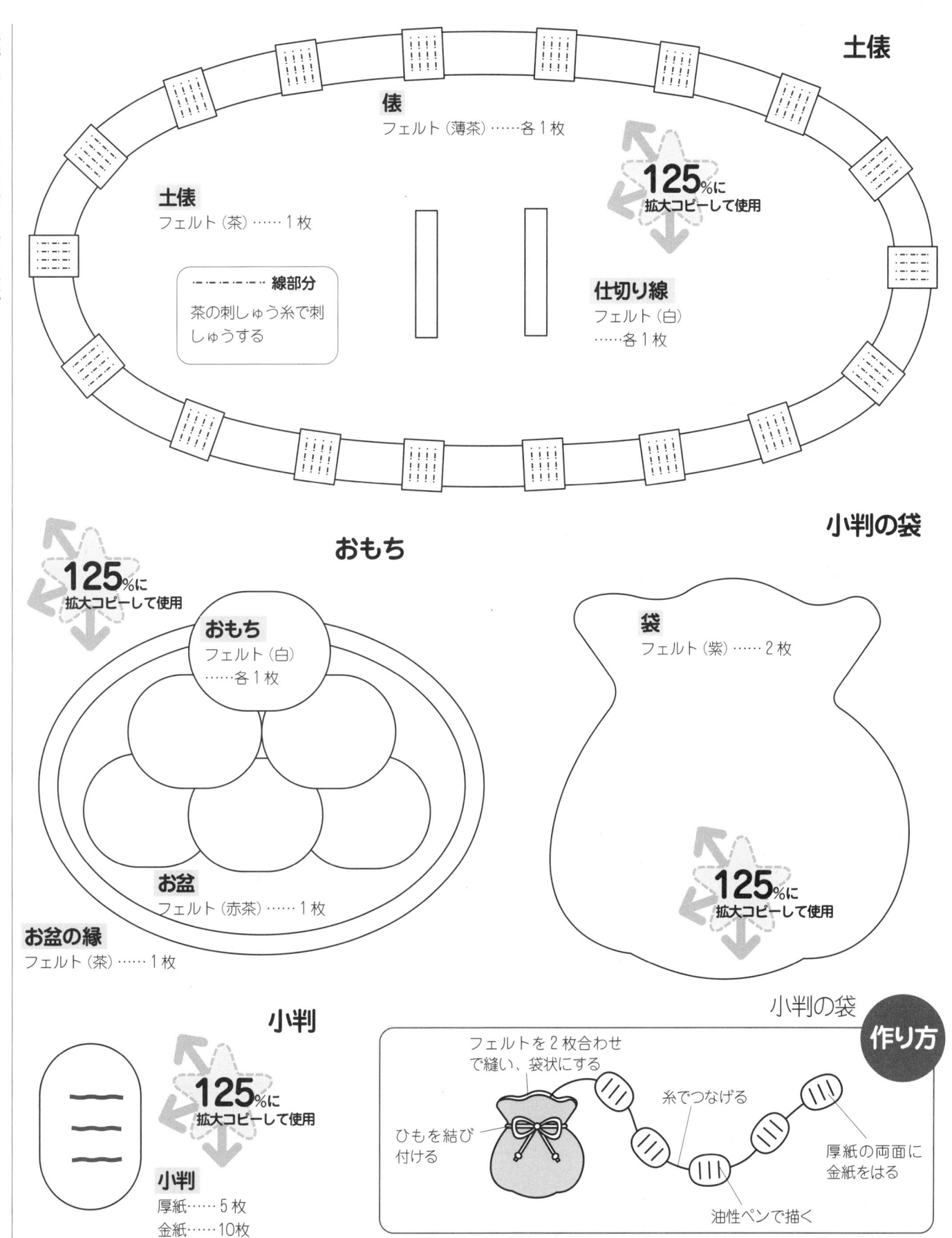

ねずみのすもうの作り方 型紙

土俵

土俵
フェルト（茶）……1枚

俵
フェルト（薄茶）……各1枚

仕切り線
フェルト（白）……各1枚

-・-・-・- 線部分
茶の刺しゅう糸で刺しゅうする

125%に拡大コピーして使用

おもち

おもち
フェルト（白）……各1枚

お盆
フェルト（赤茶）……1枚

お盆の縁
フェルト（茶）……1枚

125%に拡大コピーして使用

小判の袋

袋
フェルト（紫）……2枚

125%に拡大コピーして使用

小判

小判
厚紙……5枚
金紙……10枚

125%に拡大コピーして使用

小判の袋 作り方

- フェルトを2枚合わせで縫い、袋状にする
- ひもを結び付ける
- 糸でつなげる
- 厚紙の両面に金紙をはる
- 油性ペンで描く

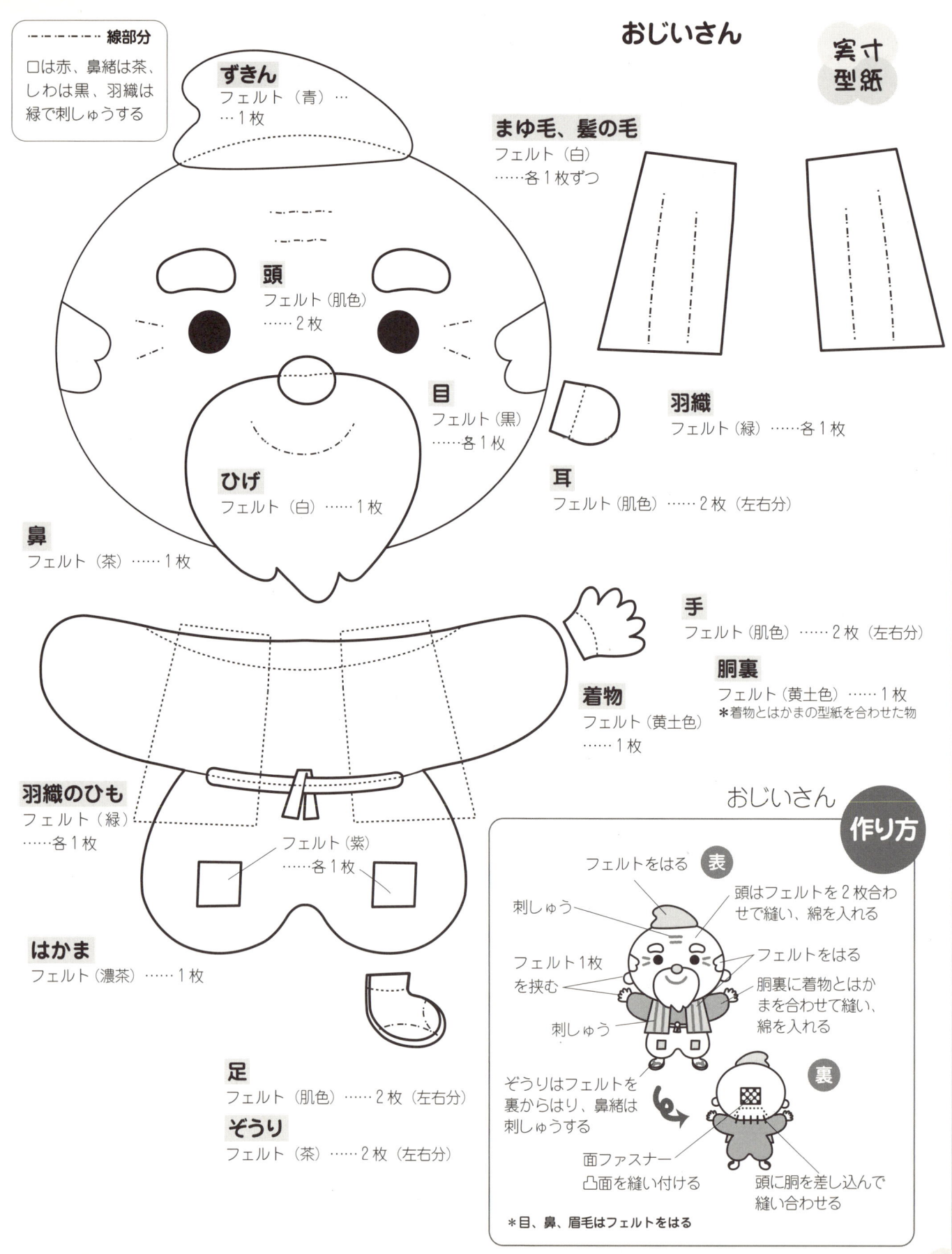

ねずみのすもうの作り方 型紙

おじいさん 実寸型紙

線部分
口は赤、鼻緒は茶、しわは黒、羽織は緑で刺しゅうする

ずきん
フェルト（青）……1枚

まゆ毛、髪の毛
フェルト（白）……各1枚ずつ

頭
フェルト（肌色）……2枚

目
フェルト（黒）……各1枚

耳
フェルト（肌色）……2枚（左右分）

羽織
フェルト（緑）……各1枚

ひげ
フェルト（白）……1枚

鼻
フェルト（茶）……1枚

手
フェルト（肌色）……2枚（左右分）

胴裏
フェルト（黄土色）……1枚
＊着物とはかまの型紙を合わせた物

着物
フェルト（黄土色）……1枚

羽織のひも
フェルト（緑）……各1枚

フェルト（紫）……各1枚

はかま
フェルト（濃茶）……1枚

足
フェルト（肌色）……2枚（左右分）

ぞうり
フェルト（茶）……2枚（左右分）

おじいさん 作り方

- フェルトをはる（表）
- 頭はフェルトを2枚合わせて縫い、綿を入れる
- 刺しゅう
- フェルトをはる
- フェルト1枚を挟む
- 胴裏に着物とはかまを合わせて縫い、綿を入れる
- 刺しゅう
- ぞうりはフェルトを裏からはり、鼻緒は刺しゅうする
- 面ファスナー凸面を縫い付ける
- 頭に胴を差し込んで縫い合わせる（裏）

＊目、鼻、眉毛はフェルトをはる

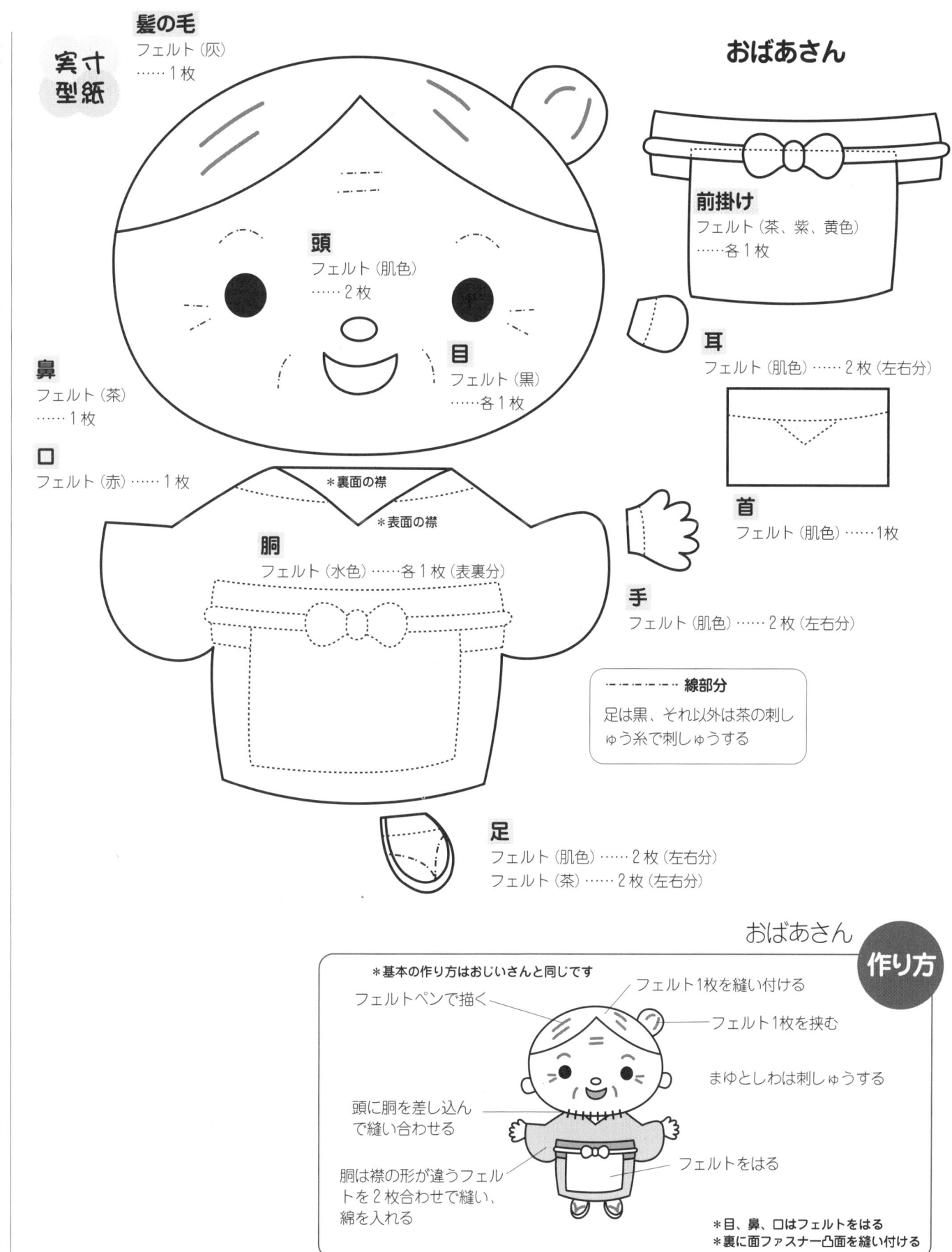

ねずみのすもうの作り方 型紙

おばあさん

実寸型紙

髪の毛 フェルト（灰）……1枚

頭 フェルト（肌色）……2枚

鼻 フェルト（茶）……1枚

口 フェルト（赤）……1枚

目 フェルト（黒）……各1枚

前掛け フェルト（茶、紫、黄色）……各1枚

耳 フェルト（肌色）……2枚（左右分）

首 フェルト（肌色）……1枚

胴 フェルト（水色）……各1枚（表裏分）
＊裏面の襟
＊表面の襟

手 フェルト（肌色）……2枚（左右分）

―・―・― 線部分
足は黒、それ以外は茶の刺しゅう糸で刺しゅうする

足 フェルト（肌色）……2枚（左右分）
フェルト（茶）……2枚（左右分）

おばあさん 作り方

＊基本の作り方はおじいさんと同じです

- フェルトペンで描く
- フェルト1枚を縫い付ける
- フェルト1枚を挟む
- まゆとしわは刺しゅうする
- 頭に胴を差し込んで縫い合わせる
- 胴は襟の形が違うフェルトを2枚合わせで縫い、綿を入れる
- フェルトをはる

＊目、鼻、口はフェルトをはる
＊裏に面ファスナー凸面を縫い付ける

ねずみのすもうの作り方 型紙

太ったねずみ

耳 フェルト(灰色)……2枚(左右分)
フェルト(オレンジ)……2枚(左右分)

鼻 フェルト(茶)……1枚

目・まゆ毛 フェルト(黒)……各1枚

頭 フェルト(灰色)……2枚

胴 フェルト(灰色)……2枚

手 フェルト(灰色)……2枚(左右分)

尾 フェルト(灰色)……2枚

まわし フェルト(赤)……1枚

125%に拡大コピーして使用

やせねずみ

耳 フェルト(水色)……2枚(左右分)
フェルト(ピンク)……2枚(左右分)

鼻 フェルト(茶)……1枚

目・まゆ毛 フェルト(黒)……各1枚

頭 フェルト(水色)……2枚

手 フェルト(水色)……2枚(左右分)

胴 フェルト(水色)……2枚

尾 フェルト(水色)……2枚

まわし フェルト(赤)……1枚

125%に拡大コピーして使用

やせねずみと太ったねずみ 作り方

- ------- 線部分
口は赤、ひげは黒の刺しゅう糸で刺しゅうする

- 面ファスナー凸面
- 目、鼻、まゆ毛などはフェルトをはる
- フェルト1枚を裏面で縫い留める
- 手と尾はフェルトを2枚合わせて縫い、胴に挟む
- 頭を胴に差し込んで縫い合わせる
- 頭はフェルト2枚合わせで縫い、綿を入れる
- 耳はフェルト1枚を挟む
- フェルトをはる
- 刺しゅう
- 手はフェルト1枚を挟む
- 胴はフェルトを2枚合わせて縫い、綿を入れる
- 尾はフェルトを2枚合わせて縫い、胴に挟む

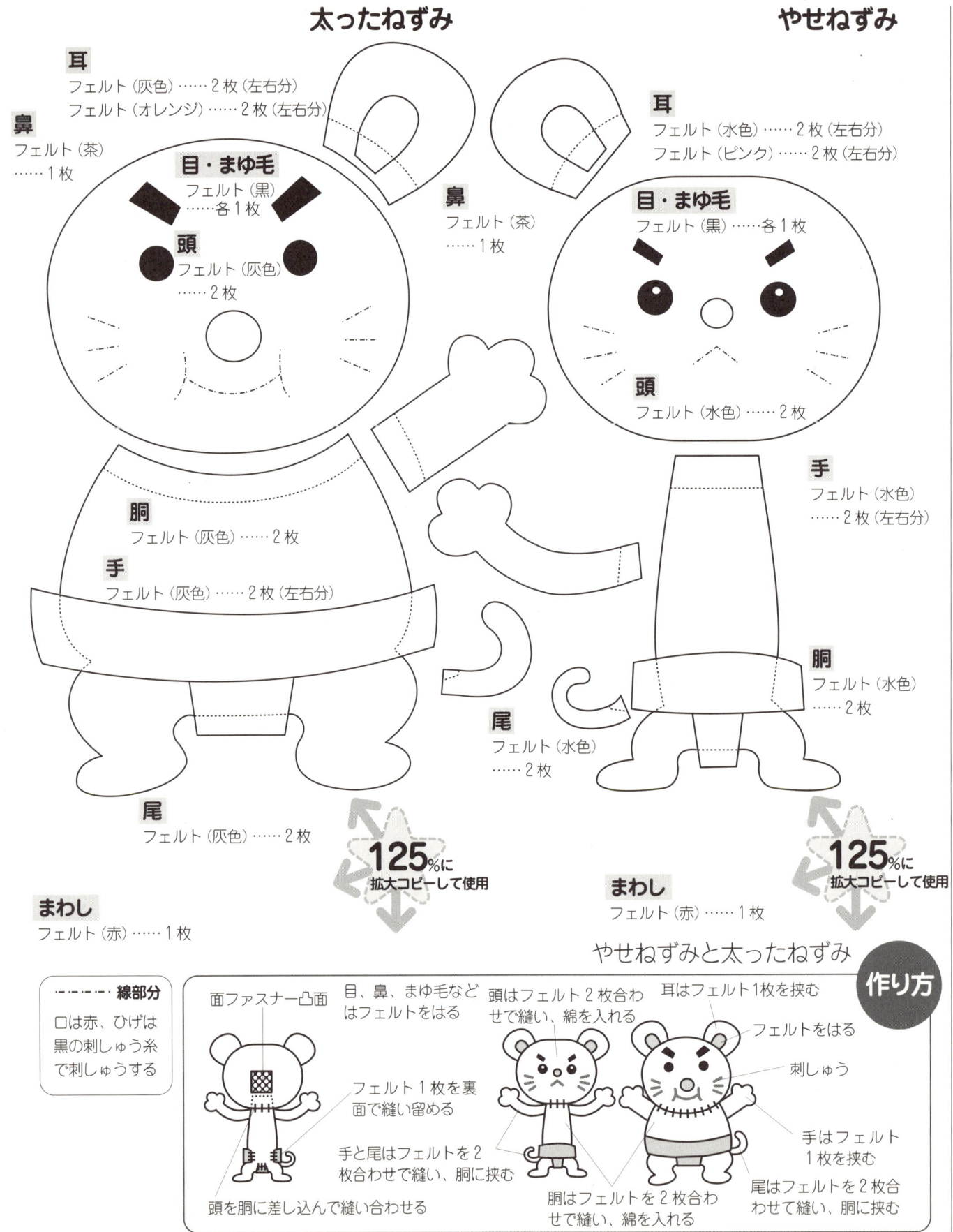

ねずみのすもうの作り方 型紙

きつね

125%に拡大コピーして使用

-･-･-･- 線部分
口は赤、それ以外は黒の刺しゅう糸で刺しゅうする

耳 フェルト（黄色）……2枚（左右分）

頭 フェルト（赤茶色）……2枚

目 フェルト（黒）……各1枚

鼻 フェルト（茶色）……1枚

上着 フェルト（水色）……1枚
フェルト（茶色）……1枚

ズボン フェルト（青）……1枚

尾 フェルト（赤茶色）……1枚

胴裏 フェルト（水色）……1枚
＊型紙は上着とズボンを合わせたもの

手 フェルト（赤茶色）……2枚（左右分）

足 フェルト（赤茶色）……2枚（左右分）

たぬき

125%に拡大コピーして使用

耳 フェルト（茶色）……2枚（左右分）
フェルト（薄茶色）……2枚（左右分）

頭 フェルト（薄茶色）……2枚

目の周り フェルト（こげ茶色）……1枚

目 フェルト（黒）……各1枚

鼻 フェルト（赤茶）……1枚

赤

手・足 フェルト（薄茶色）……2枚（左右分）

上着 フェルト（黄緑）……1枚
フェルト（薄茶色）……1枚

ズボン フェルト（緑）……1枚

尾 フェルト（こげ茶色）……1枚

胴裏 フェルト（黄緑）……1枚
＊型紙は上着とズボンを合わせたもの

きつねとたぬき 作り方

＊基本の作り方はおじいさんと同じです
フェルトをはる
フェルト1枚を挟む
刺しゅう
頭に胴を差し込んで縫い合わせる
フェルト1枚を挟む
眉毛、ひげは刺しゅうする

フェルト1枚を縫い付ける
刺しゅう
フェルト1枚を挟む
＊目、鼻はフェルトをはる
＊裏面に面ファスナー凸面を縫い付ける

とんでったバナナの作り方 型紙

エプロンとポケット

作り方

表

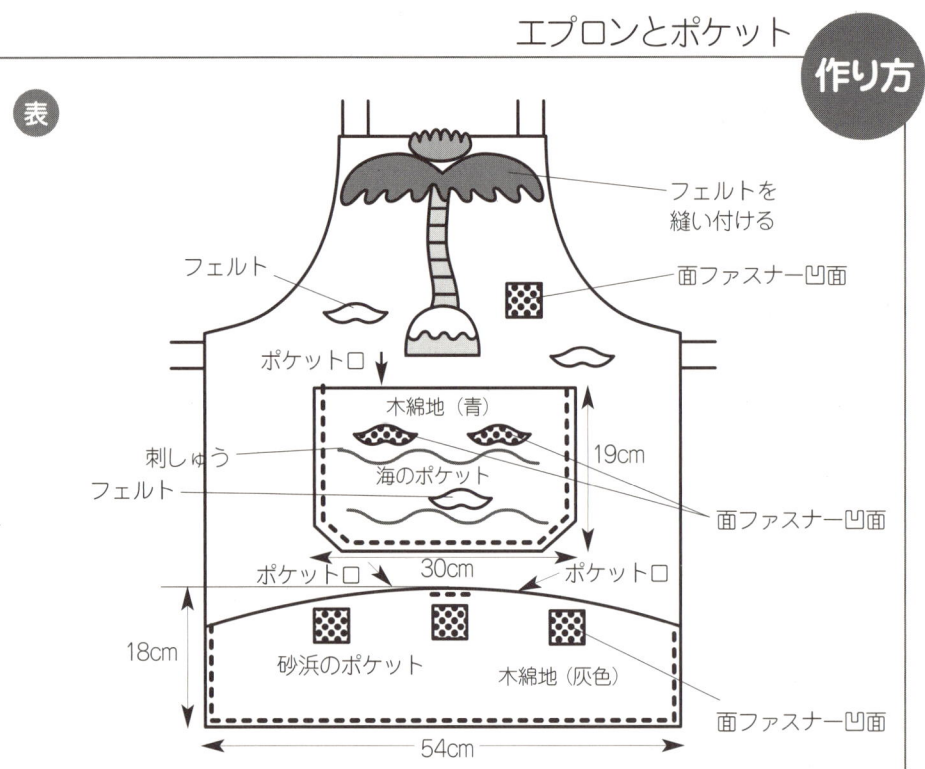

- フェルトを縫い付ける
- フェルト
- 面ファスナー凹面
- ポケット口
- 木綿地（青）
- 刺しゅう
- 海のポケット
- フェルト
- 面ファスナー凹面
- ポケット口
- 19cm
- 30cm
- ポケット口
- 18cm
- 砂浜のポケット
- 木綿地（灰色）
- 面ファスナー凹面
- 54cm

「海のポケット」「砂浜のポケット」
木綿地をできあがり寸法に縫い代1〜1.5cm加えて裁つ。
ポケット口を三つ折りにして縫う。
縫い代を折り、図のようにエプロンに縫い付ける。

裏

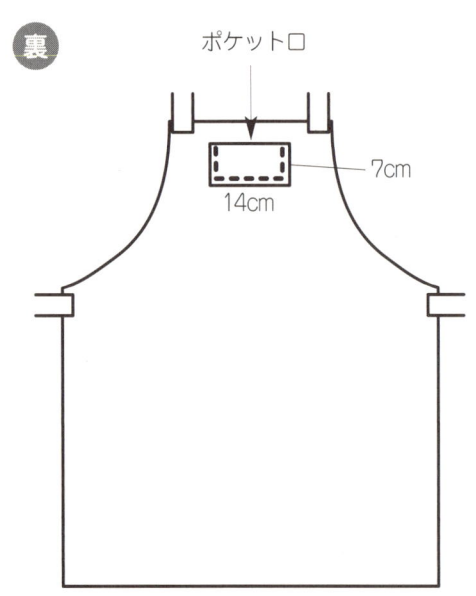

- ポケット口
- 7cm
- 14cm

裏ポケット
ナイロン地を、できあがり寸法に縫い代を1〜1.5cm加えて裁つ。
ポケット口を3つ折りにして縫う。
縫い代を折り、エプロン裏側に縫い付ける。

材料

◎エプロン
- 水色のエプロン（作り方は33ページ）
- フェルト
- 面ファスナー（凹面）（水色、白、茶色）
- 木綿地
  （青）約32cm×22cm（海のポケット用）
  （灰色）約56cm×21cm（砂浜のポケット用）
- ナイロン地（薄い布）約17cm×9cm（裏ポケット用）

◎人形
- フェルト
- 面ファスナー（凸面）
- 綿
- 刺しゅう糸

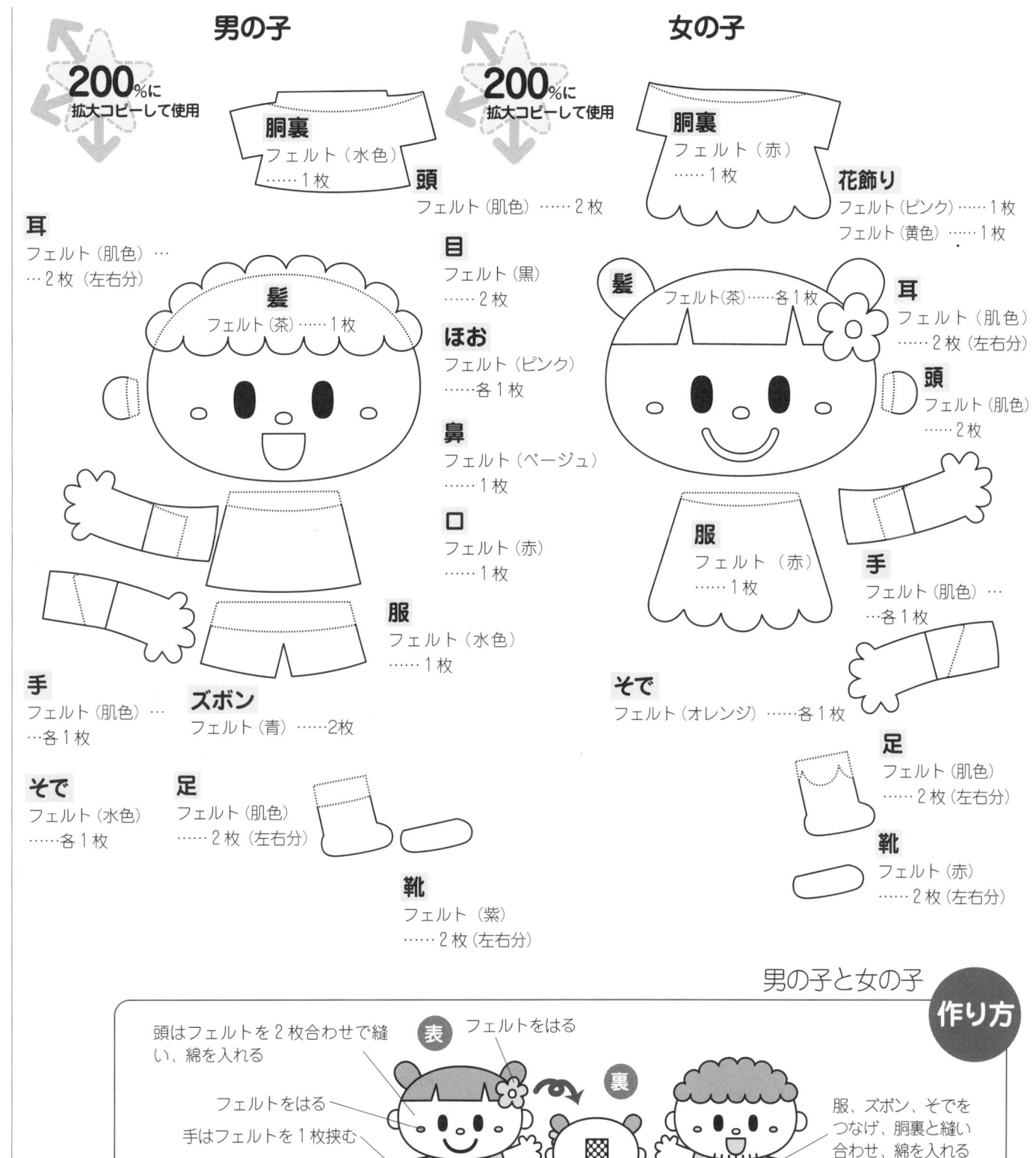

とんでったバナナの作り方 型紙

男の子

200%に拡大コピーして使用

胴裏 フェルト（水色）……1枚

頭 フェルト（肌色）……2枚

耳 フェルト（肌色）……2枚（左右分）

髪 フェルト（茶）……1枚

目 フェルト（黒）……2枚

ほお フェルト（ピンク）……各1枚

鼻 フェルト（ベージュ）……1枚

口 フェルト（赤）……1枚

服 フェルト（水色）……1枚

手 フェルト（肌色）……各1枚

そで フェルト（水色）……各1枚

ズボン フェルト（青）……2枚

足 フェルト（肌色）……2枚（左右分）

靴 フェルト（紫）……2枚（左右分）

女の子

200%に拡大コピーして使用

胴裏 フェルト（赤）……1枚

花飾り フェルト（ピンク）……1枚 / フェルト（黄色）……1枚

髪 フェルト（茶）……各1枚

耳 フェルト（肌色）……2枚（左右分）

頭 フェルト（肌色）……2枚

服 フェルト（赤）……1枚

手 フェルト（肌色）……各1枚

そで フェルト（オレンジ）……各1枚

足 フェルト（肌色）……2枚（左右分）

靴 フェルト（赤）……2枚（左右分）

男の子と女の子 作り方

- 頭はフェルトを2枚合わせで縫い、綿を入れる
- フェルトをはる（表）
- フェルトをはる（裏）
- 手はフェルトを1枚挟む
- 服とそでをつなげ、胴裏と縫い合わせ、綿を入れる
- 足はフェルトを1枚挟む
- 靴はフェルトをはる
- 服、ズボン、そでをつなげ、胴裏と縫い合わせ、綿を入れる
- 頭に胴を差し込んで縫い合わせる

＊目、鼻、口、ほおはフェルトをはる
＊裏に面ファスナー凸面を縫い付ける

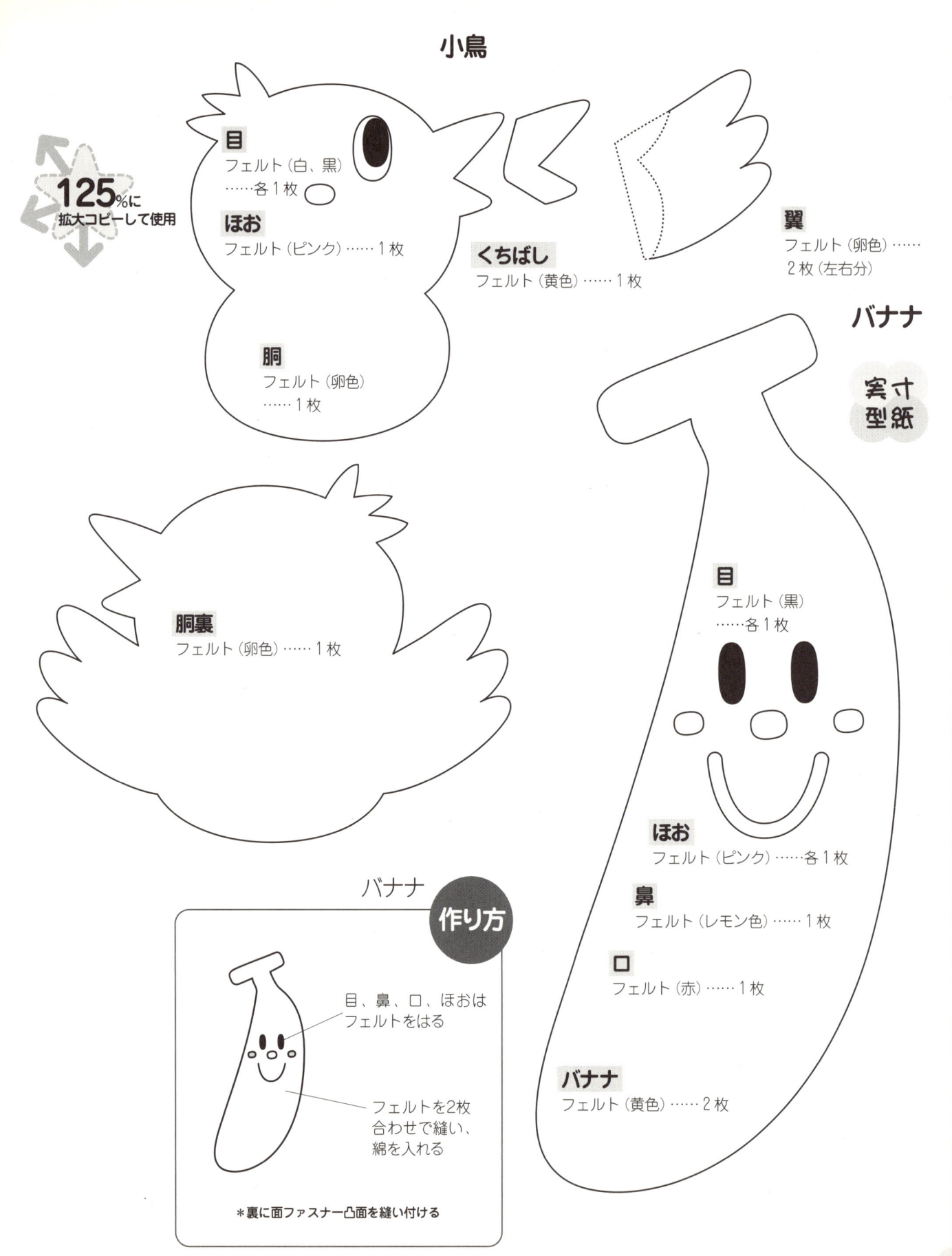

とんでったバナナの作り方 型紙

小鳥

125%に拡大コピーして使用

目 フェルト（白、黒）……各1枚

ほお フェルト（ピンク）……1枚

くちばし フェルト（黄色）……1枚

翼 フェルト（卵色）……2枚（左右分）

胴 フェルト（卵色）……1枚

胴裏 フェルト（卵色）……1枚

バナナ

実寸型紙

目 フェルト（黒）……各1枚

ほお フェルト（ピンク）……各1枚

鼻 フェルト（レモン色）……1枚

口 フェルト（赤）……1枚

バナナ フェルト（黄色）……2枚

バナナ 作り方

- 目、鼻、口、ほおはフェルトをはる
- フェルトを2枚合わせで縫い、綿を入れる

＊裏に面ファスナー凸面を縫い付ける

とんでったバナナの作り方 型紙

やしの木

125%に 拡大コピーして使用

幹
フェルト（茶色）……各1枚
フェルト（こげ茶色）……各1枚

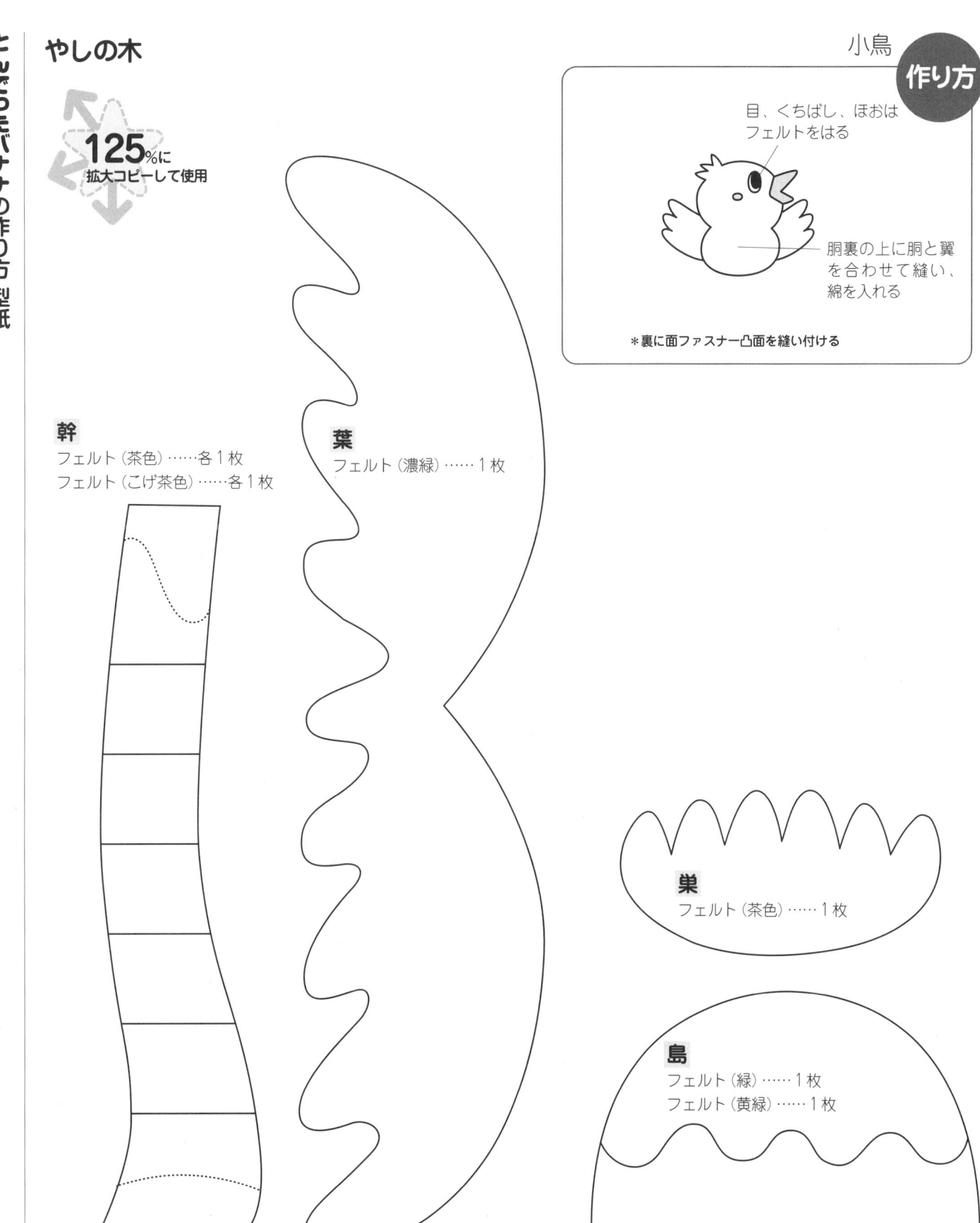

葉
フェルト（濃緑）……1枚

小鳥 作り方

目、くちばし、ほおはフェルトをはる

胴裏の上に胴と翼を合わせて縫い、綿を入れる

＊裏に面ファスナー凸面を縫い付ける

巣
フェルト（茶色）……1枚

島
フェルト（緑）……1枚
フェルト（黄緑）……1枚

わに

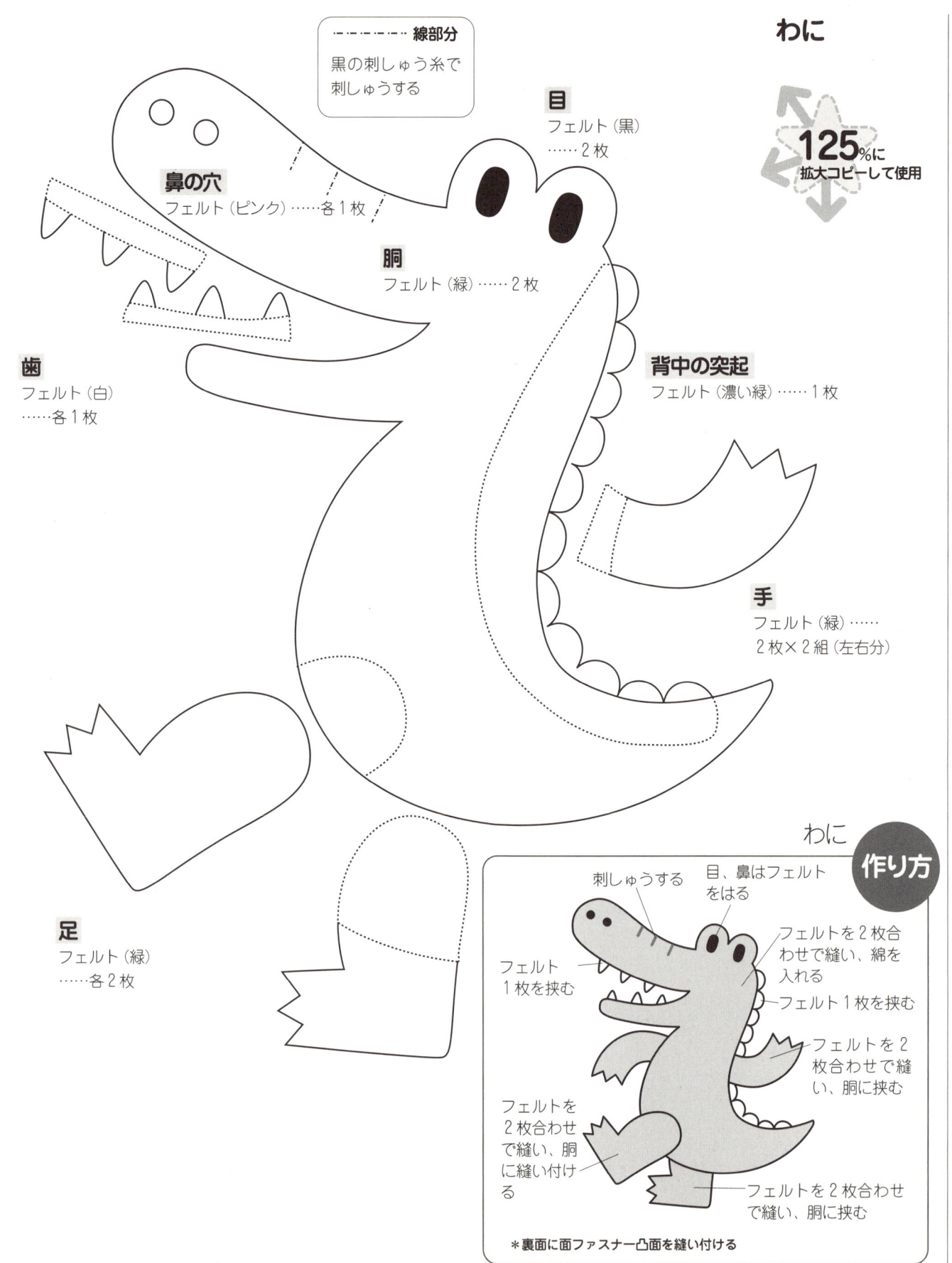

とんでったバナナの作り方 型紙

125%に拡大コピーして使用

-・-・-・- 線部分
黒の刺しゅう糸で刺しゅうする

鼻の穴
フェルト（ピンク）……各1枚

目
フェルト（黒）……2枚

胴
フェルト（緑）……2枚

背中の突起
フェルト（濃い緑）……1枚

歯
フェルト（白）……各1枚

手
フェルト（緑）……2枚×2組（左右分）

足
フェルト（緑）……各2枚

作り方 わに

- 刺しゅうする
- 目、鼻はフェルトをはる
- フェルトを2枚合わせで縫い、綿を入れる
- フェルト1枚を挟む
- フェルト1枚を挟む
- フェルトを2枚合わせで縫い、胴に挟む
- フェルトを2枚合わせで縫い、胴に縫い付ける
- フェルトを2枚合わせで縫い、胴に挟む

＊裏面に面ファスナー凸面を縫い付ける

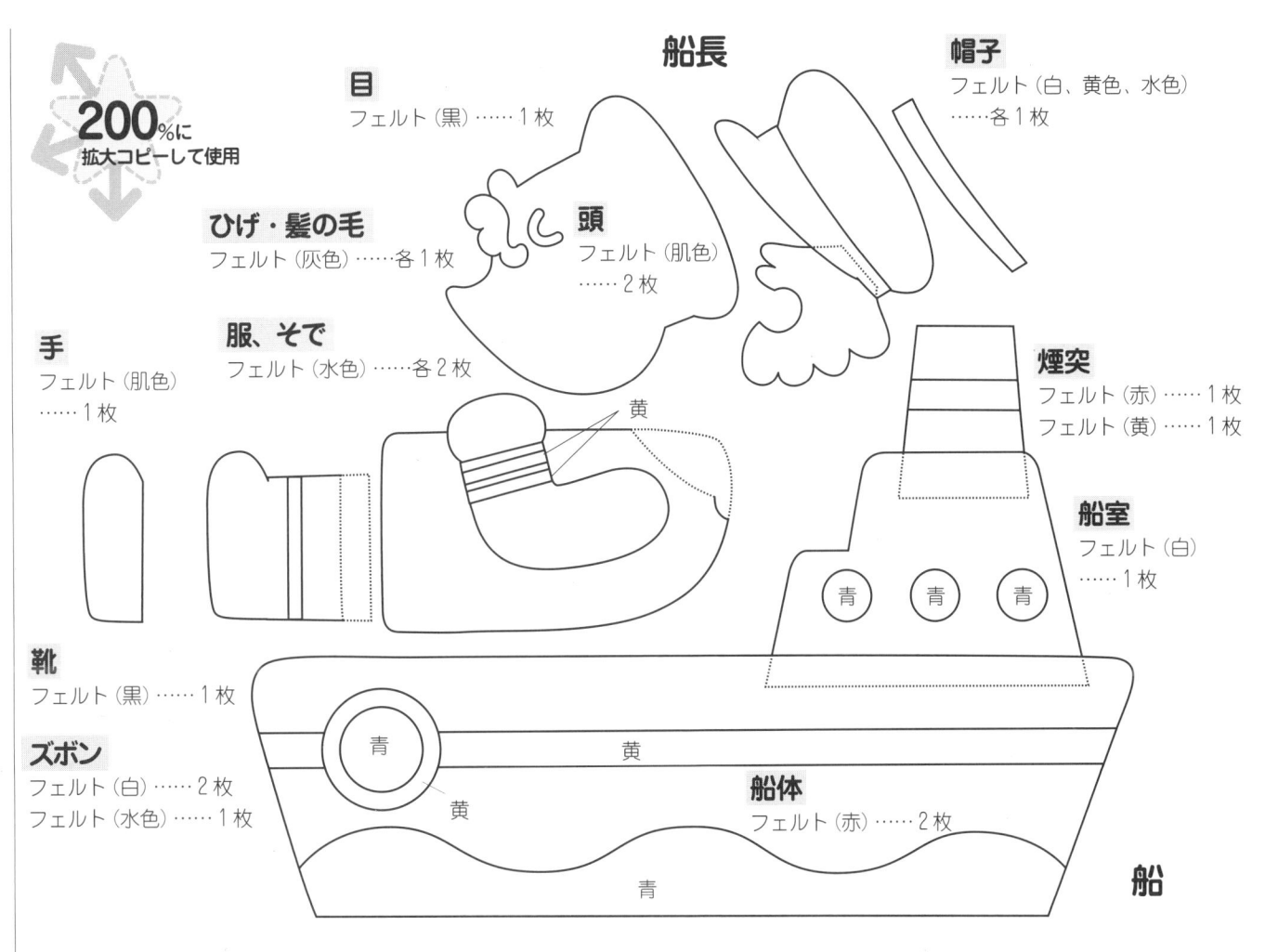

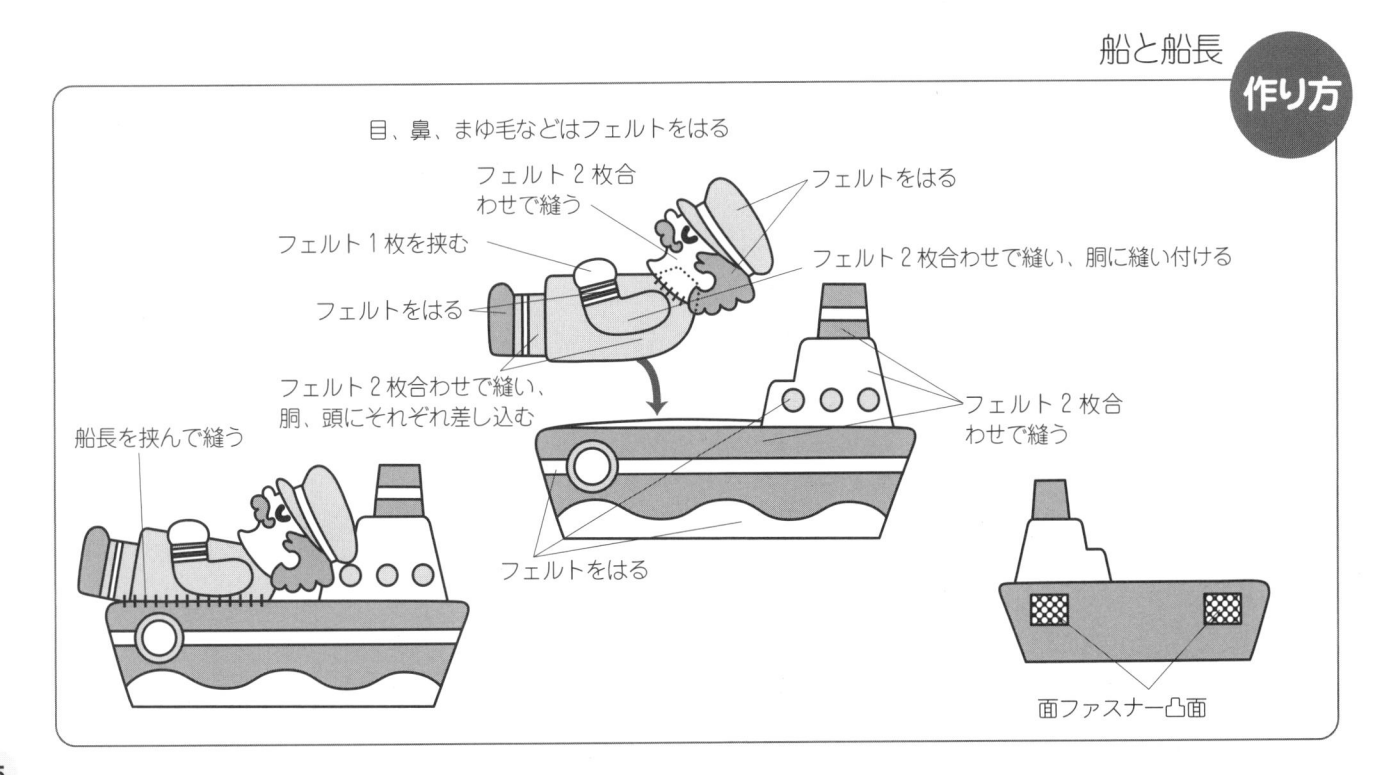

とんでったバナナの作り方 型紙

200%に拡大コピーして使用

船長

目
フェルト（黒）……1枚

帽子
フェルト（白、黄色、水色）……各1枚

ひげ・髪の毛
フェルト（灰色）……各1枚

頭
フェルト（肌色）……2枚

手
フェルト（肌色）……1枚

服、そで
フェルト（水色）……各2枚

煙突
フェルト（赤）……1枚
フェルト（黄）……1枚

船室
フェルト（白）……1枚

靴
フェルト（黒）……1枚

ズボン
フェルト（白）……2枚
フェルト（水色）……1枚

船体
フェルト（赤）……2枚

船

作り方　船と船長

- 目、鼻、まゆ毛などはフェルトをはる
- フェルト2枚合わせで縫う
- フェルトをはる
- フェルト1枚を挟む
- フェルトをはる
- フェルト2枚合わせで縫い、胴に縫い付ける
- フェルト2枚合わせで縫い、胴、頭にそれぞれ差し込む
- フェルト2枚合わせで縫う
- フェルトをはる
- 船長を挟んで縫う
- 面ファスナー凸面

とんでったバナナ

作詞／片岡 輝　作曲／櫻井 順

♩=132

1. バナ　ナが　いっ　ぽん　あり　まし　た　　あや　おい　みな　みの
2. こと　りが　いち　わ　おり　まし　た　　　　こと　しり　かが　ナを
3. き　みは　いっ　たい　おれ　なの　　　　　　し　ろい　バナ　きの
4. わ　にが　いっ　ぴき　おど　どう　で　　　　ボン　ボコ　しぶ　リン
5. わ　にと　バナ　ナが　おど　かん　で　　　　　　　ひげ　はや　した
6. おふ　ねが　いっ　そう　　　　　　　　　　

そら　すつ　　のし　なか　　たで　ですま　　　　こど　　もら　ふた　がは　りで　　とり　やと　っき　こに　じと　げと　へに　てこ　へと
すつ　すな　　きま　はま　　　ツル　さん　　　　おそ　こお　れり　をり　ちょ　う　　そい　のい　すぎ　も　　　ちゃ　にこ　ど　　
ボン　せん　　ツル　ちょう　　リ　　　　　　　　ング　　　　あん　まグ　　おひ　るね　　おり　　　　だま　すき　　　このなんにコン

バナ　バナ　ナが　ツル　ルン　　　　と　と　と　　とに　でげ　た　　　　　　　　ナねもハハハ（etc lyrics）

1.〜5.
いっぷん　たかり　なこたき　なだ
やない　わこてた　　　
いいとび

バ　ナ　ナン　バ　ナ　ナン　バ　ナァ　ー　ナ

6.
モグ モグ モグ モグ　た べちゃった　　た べちゃった　　た べちゃった

おいも掘りの作り方 型紙

エプロンとポケット

作り方

表
- 面ファスナー凹を縫い付ける
- 8cm
- フェルトを縫い付ける
- ポケット口（42cm）
- ポケット口（28cm）
- 畑は木綿地（茶）で2段のポケットを作る
- 下地のフェルトの上に、細く切ったフェルトを編んで載せ、周りを縫う
- 16cm
- 7cm
- 24cm
- 58cm
- フェルトの葉を縫い付ける

裏
- 裏ポケットを縫い付ける
- ポケット口
- 21cm
- 20cm
- 31cm

材料

◎エプロン
- 水色のエプロン（作り方は33ページ）
- 木綿地（茶色）約60cm×19cm、約60cm×27cm（畑のポケット用）
- フェルト
- 面ファスナー（凹面）（水色、茶）
- ナイロン地（薄い布）約35cm×22cm（裏ポケット用）

◎人形
- フェルト
- 綿
- ウッドビーズ
- 綿ロープ（茶）約1.2m
- 毛糸
- 面ファスナー（凸面）
- 刺しゅう糸

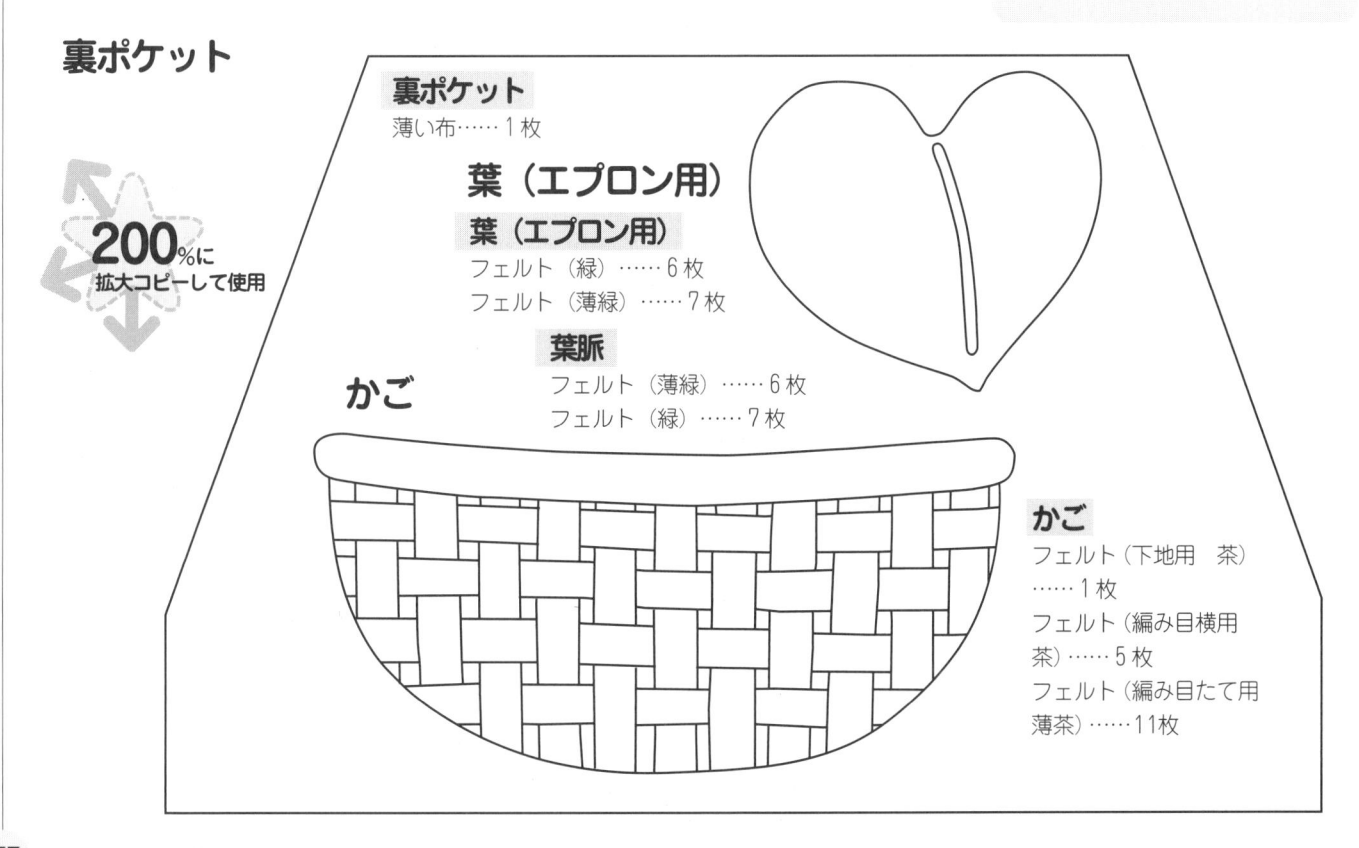

裏ポケット

200%に拡大コピーして使用

裏ポケット
薄い布……1枚

葉（エプロン用）

葉（エプロン用）
フェルト（緑）……6枚
フェルト（薄緑）……7枚

葉脈
フェルト（薄緑）……6枚
フェルト（緑）……7枚

かご

かご
フェルト（下地用 茶）……1枚
フェルト（編み目横用 茶）……5枚
フェルト（編み目たて用 薄茶）……11枚

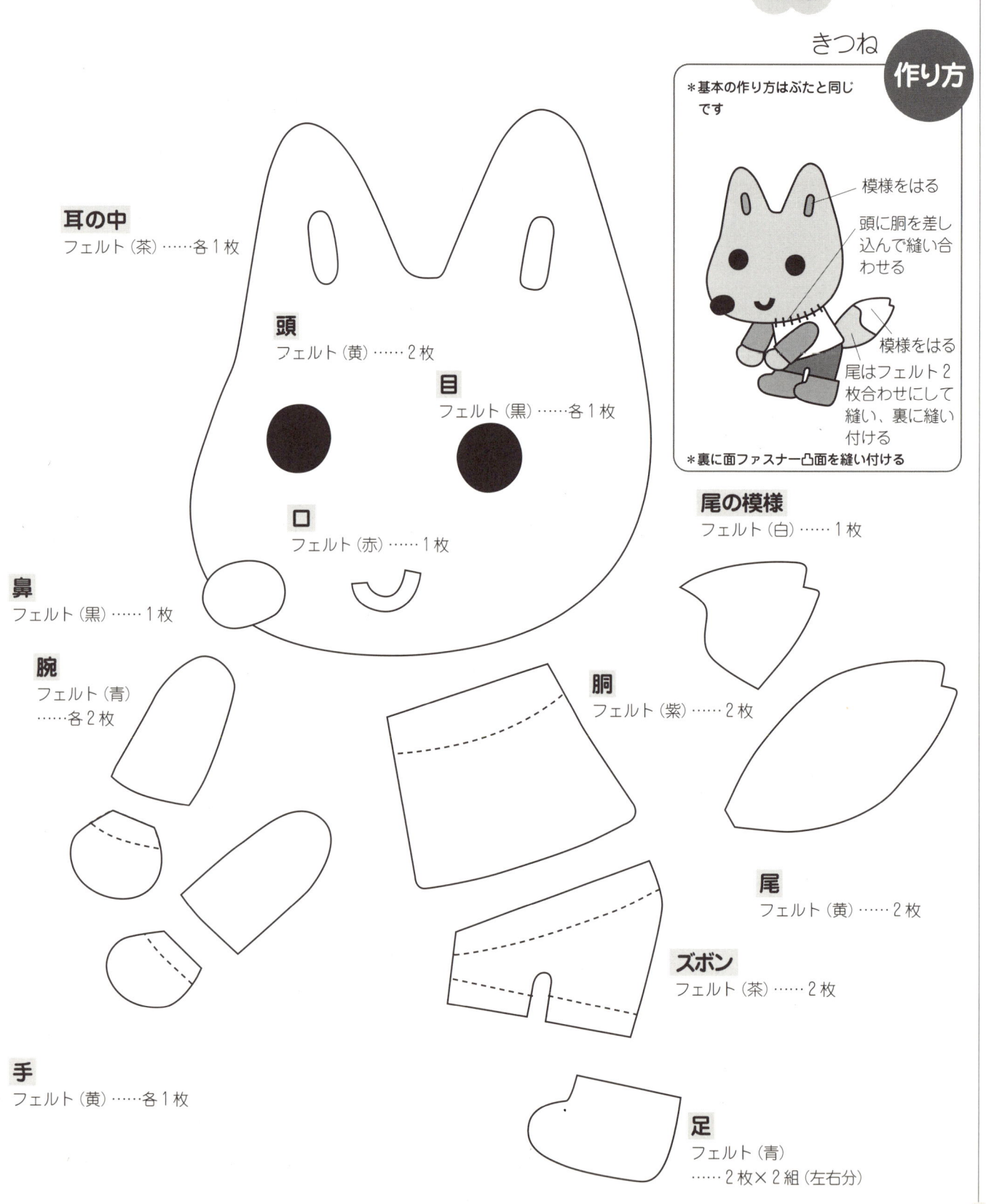

きつね

実寸型紙

きつね

作り方

*基本の作り方はぶたと同じです

- 模様をはる
- 頭に胴を差し込んで縫い合わせる
- 模様をはる
- 尾はフェルト2枚合わせにして縫い、裏に縫い付ける

*裏に面ファスナー凸面を縫い付ける

耳の中
フェルト（茶）……各1枚

頭
フェルト（黄）……2枚

目
フェルト（黒）……各1枚

口
フェルト（赤）……1枚

鼻
フェルト（黒）……1枚

腕
フェルト（青）……各2枚

胴
フェルト（紫）……2枚

尾の模様
フェルト（白）……1枚

尾
フェルト（黄）……2枚

ズボン
フェルト（茶）……2枚

手
フェルト（黄）……各1枚

足
フェルト（青）……2枚×2組（左右分）

おいも掘りの作り方 型紙

58

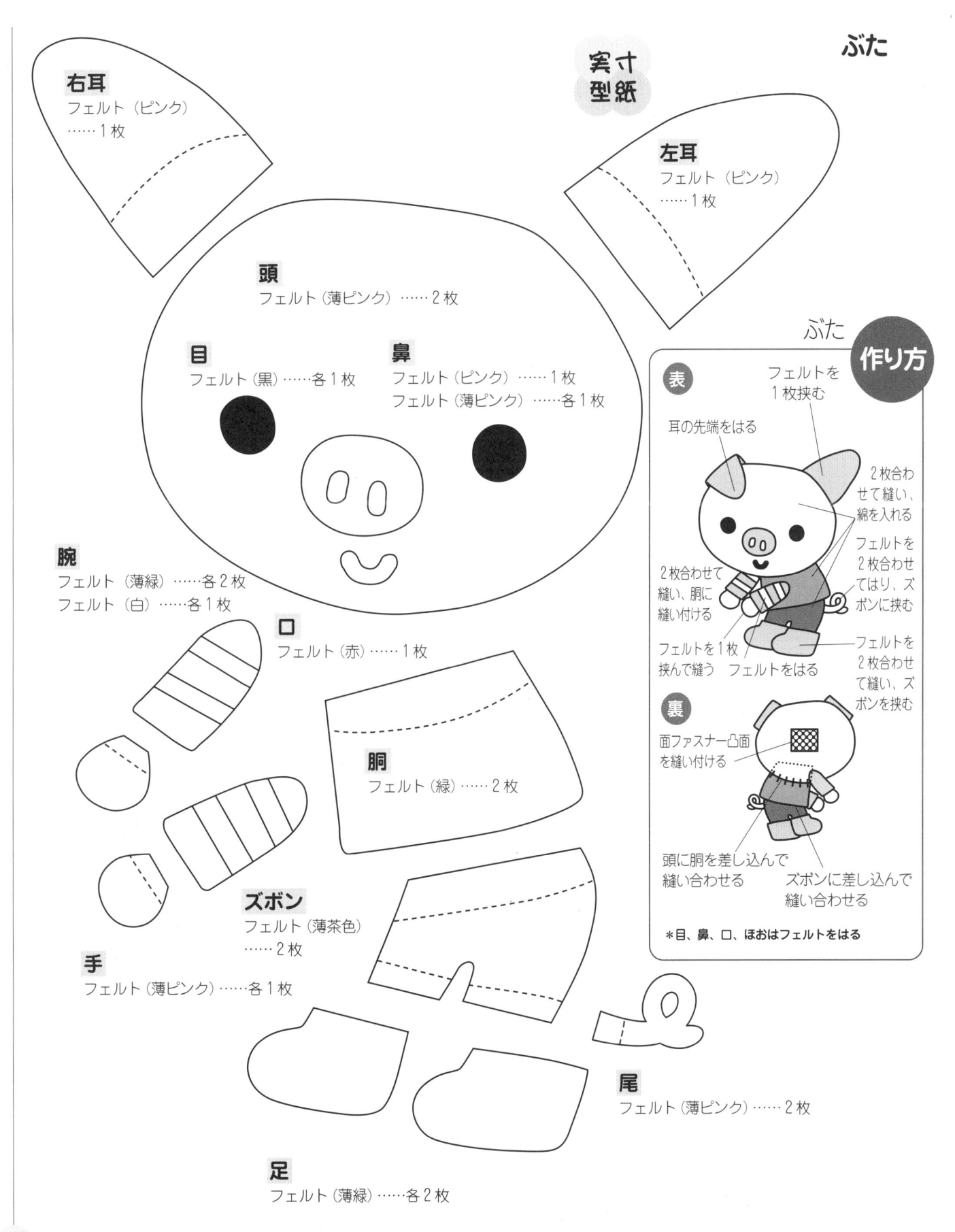

おいも掘りの作り方 型紙

ぶた

実寸型紙

右耳 フェルト（ピンク）……1枚

左耳 フェルト（ピンク）……1枚

頭 フェルト（薄ピンク）……2枚

目 フェルト（黒）……各1枚

鼻 フェルト（ピンク）……1枚
フェルト（薄ピンク）……各1枚

腕 フェルト（薄緑）……各2枚
フェルト（白）……各1枚

口 フェルト（赤）……1枚

胴 フェルト（緑）……2枚

手 フェルト（薄ピンク）……各1枚

ズボン フェルト（薄茶色）……2枚

尾 フェルト（薄ピンク）……2枚

足 フェルト（薄緑）……各2枚

ぶた 作り方

表
- 耳の先端をはる
- フェルトを1枚挟む
- 2枚合わせて縫い、綿を入れる
- 2枚合わせて縫い、胴に縫い付ける
- フェルトを2枚合わせてはり、ズボンに挟む
- フェルトを1枚挟んで縫う
- フェルトをはる
- フェルトを2枚合わせて縫い、ズボンを挟む

裏
- 面ファスナー凸面を縫い付ける
- 頭に胴を差し込んで縫い合わせる
- ズボンに差し込んで縫い合わせる

＊目、鼻、口、ほおはフェルトをはる

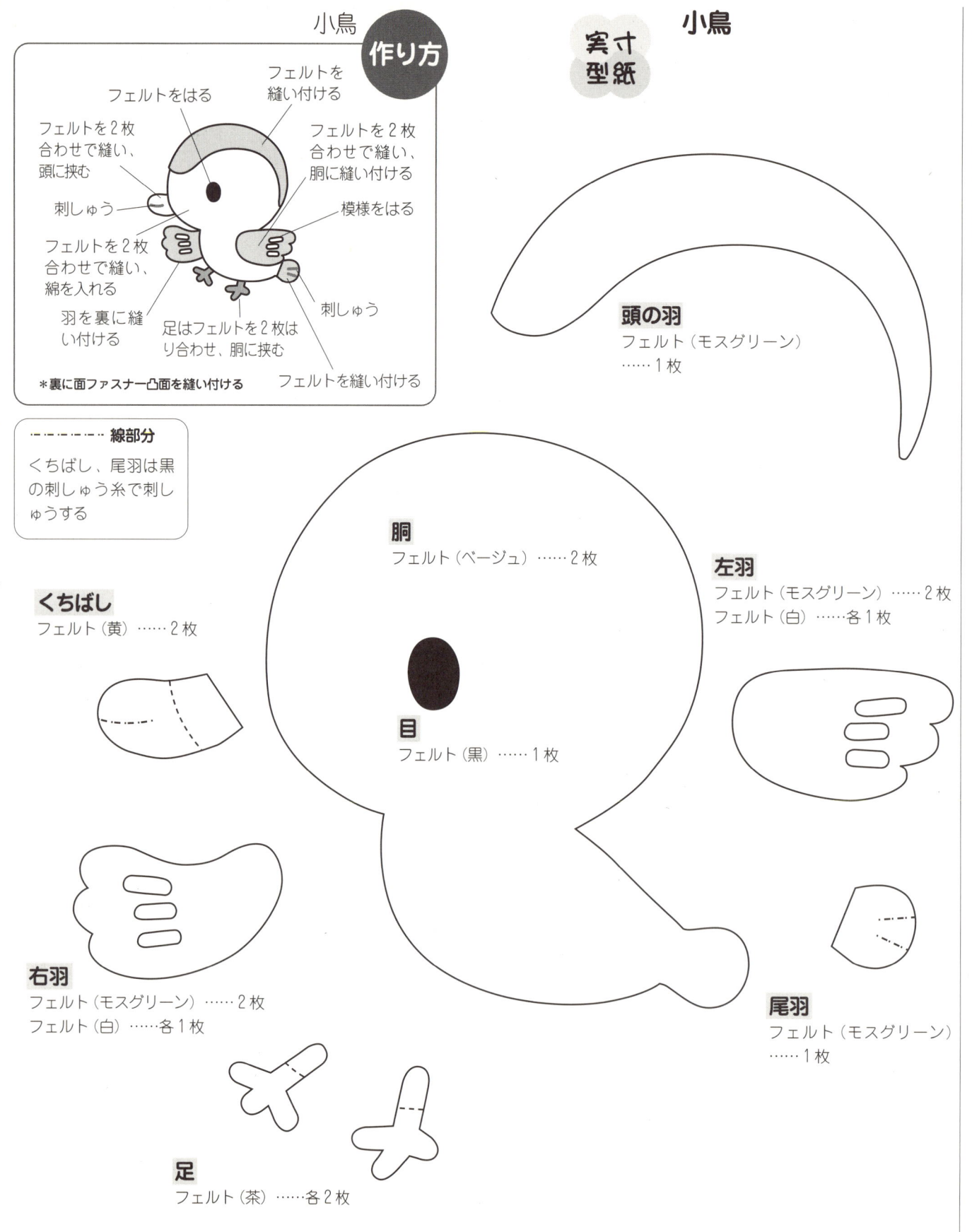

おいも掘りの作り方 型紙

小鳥 作り方

- フェルトをはる
- フェルトを縫い付ける
- フェルトを2枚合わせで縫い、頭に挟む
- フェルトを2枚合わせで縫い、胴に縫い付ける
- 刺しゅう
- 模様をはる
- フェルトを2枚合わせで縫い、綿を入れる
- 刺しゅう
- 羽を裏に縫い付ける
- 足はフェルトを2枚はり合わせ、胴に挟む
- フェルトを縫い付ける

＊裏に面ファスナー凸面を縫い付ける

‐・‐・‐ 線部分
くちばし、尾羽は黒の刺しゅう糸で刺しゅうする

小鳥 実寸型紙

頭の羽
フェルト（モスグリーン）……1枚

胴
フェルト（ベージュ）……2枚

目
フェルト（黒）……1枚

左羽
フェルト（モスグリーン）……2枚
フェルト（白）……各1枚

くちばし
フェルト（黄）……2枚

右羽
フェルト（モスグリーン）……2枚
フェルト（白）……各1枚

尾羽
フェルト（モスグリーン）……1枚

足
フェルト（茶）……各2枚

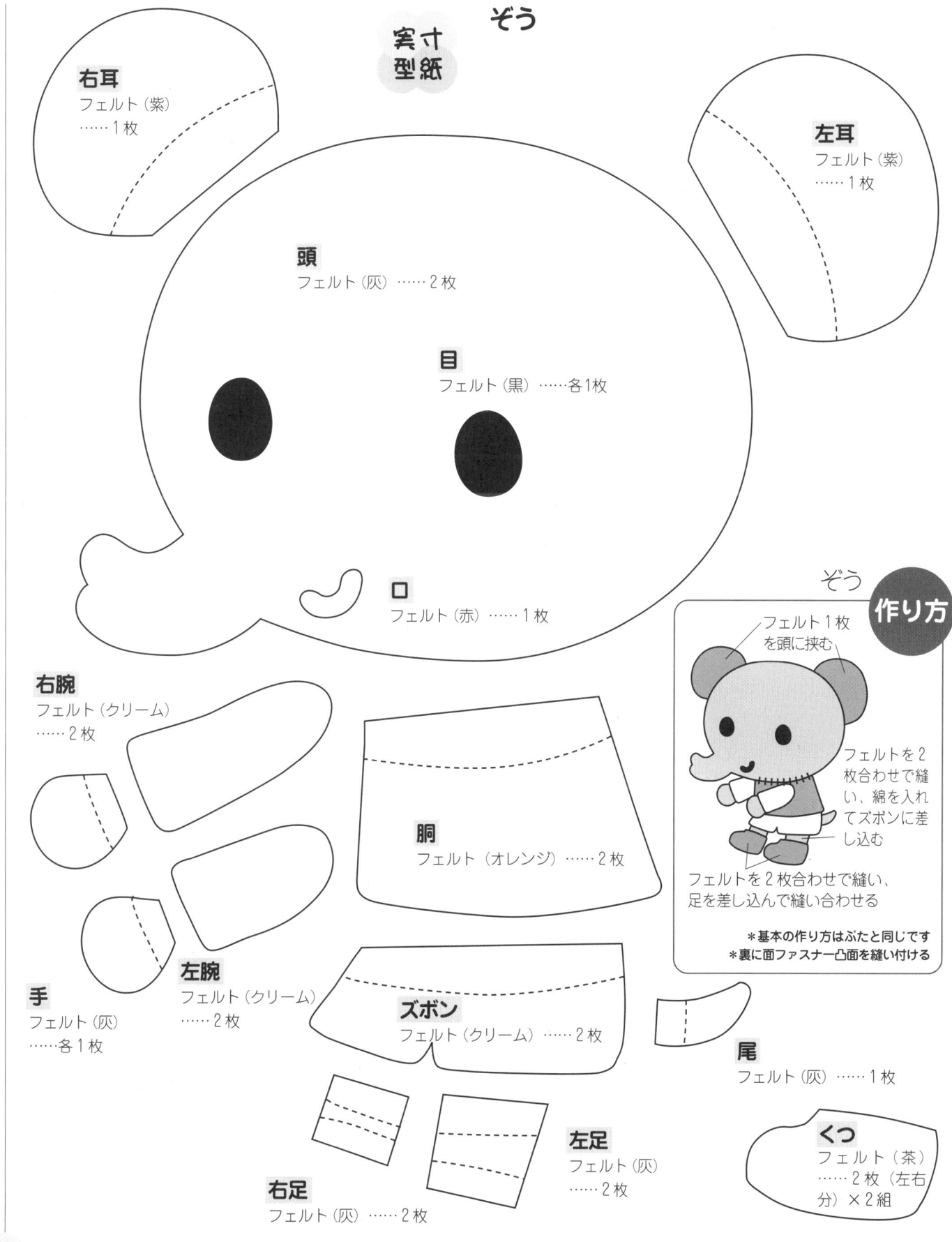

おいも掘りの作り方 型紙

実寸型紙 ぞう

右耳 フェルト(紫) ……1枚

左耳 フェルト(紫) ……1枚

頭 フェルト(灰) ……2枚

目 フェルト(黒) ……各1枚

口 フェルト(赤) ……1枚

右腕 フェルト(クリーム) ……2枚

胴 フェルト(オレンジ) ……2枚

手 フェルト(灰) ……各1枚

左腕 フェルト(クリーム) ……2枚

ズボン フェルト(クリーム) ……2枚

尾 フェルト(灰) ……1枚

右足 フェルト(灰) ……2枚

左足 フェルト(灰) ……2枚

くつ フェルト(茶) ……2枚(左右分)×2組

作り方 ぞう

フェルト1枚を頭に挟む

フェルトを2枚合わせで縫い、綿を入れてズボンに差し込む

フェルトを2枚合わせで縫い、足を差し込んで縫い合わせる

＊基本の作り方はぶたと同じです
＊裏に面ファスナー凸面を縫い付ける

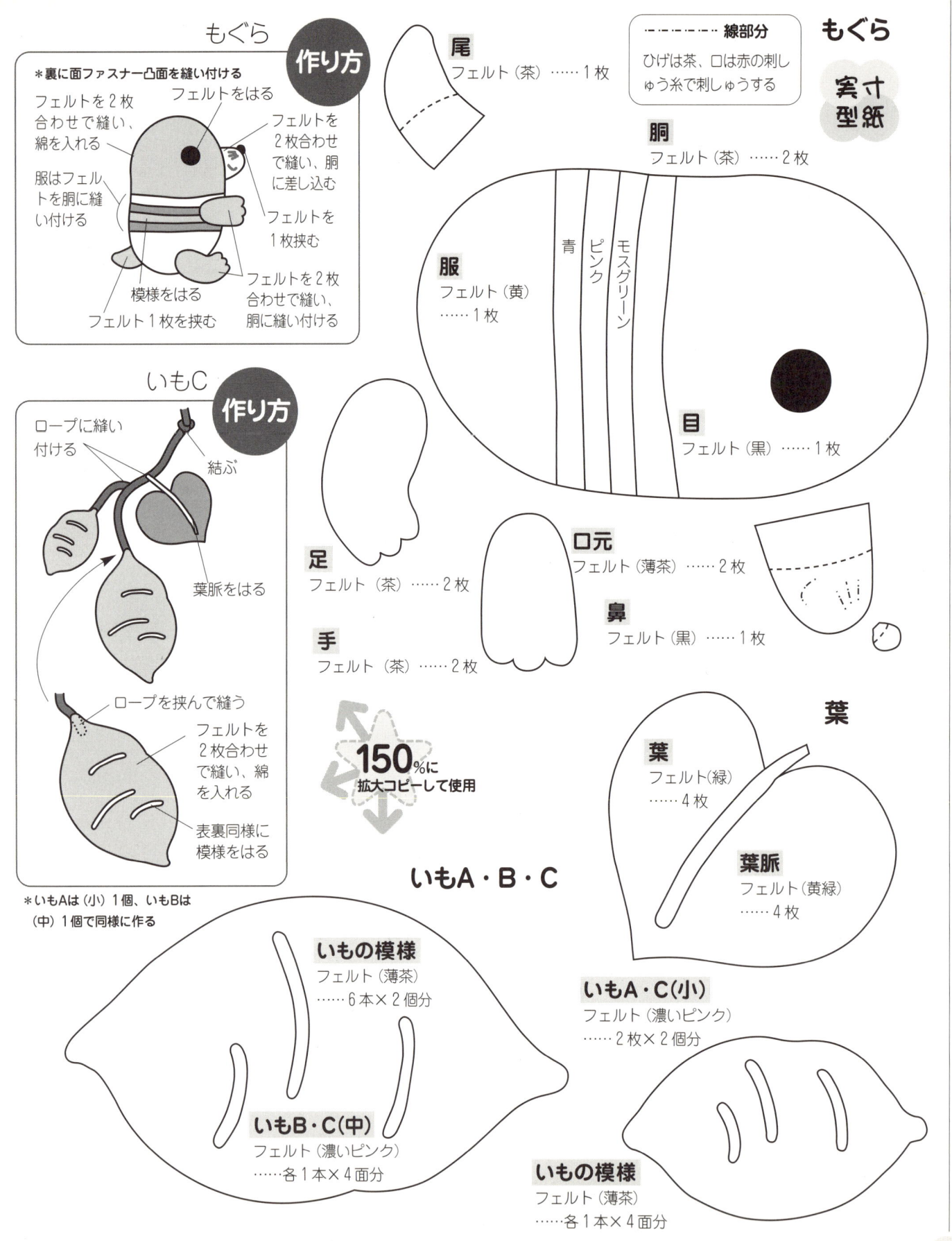

おいも掘りの作り方 型紙

もぐら 作り方

* 裏に面ファスナー凸面を縫い付ける
- フェルトを2枚合わせで縫い、綿を入れる
- フェルトをはる
- フェルトを2枚合わせで縫い、胴に差し込む
- フェルトを1枚挟む
- 服はフェルトを胴に縫い付ける
- フェルトを2枚合わせで縫い、胴に縫い付ける
- 模様をはる
- フェルト1枚を挟む

いもC 作り方

- ロープに縫い付ける
- 結ぶ
- 葉脈をはる
- ロープを挟んで縫う
- フェルトを2枚合わせで縫い、綿を入れる
- 表裏同様に模様をはる

*いもAは(小)1個、いもBは(中)1個で同様に作る

もぐら 実寸型紙

—・—・— 線部分
ひげは茶、口は赤の刺しゅう糸で刺しゅうする

尾 フェルト(茶) ……1枚

胴 フェルト(茶) ……2枚

服 フェルト(黄) ……1枚
(青・ピンク・モスグリーン)

目 フェルト(黒) ……1枚

足 フェルト(茶) ……2枚

口元 フェルト(薄茶) ……2枚

手 フェルト(茶) ……2枚

鼻 フェルト(黒) ……1枚

150%に拡大コピーして使用

葉 フェルト(緑) ……4枚

葉脈 フェルト(黄緑) ……4枚

いもA・B・C

いもの模様 フェルト(薄茶) ……6本×2個分

いもA・C(小) フェルト(濃いピンク) ……2枚×2個分

いもB・C(中) フェルト(濃いピンク) ……各1本×4面分

いもの模様 フェルト(薄茶) ……各1本×4面分

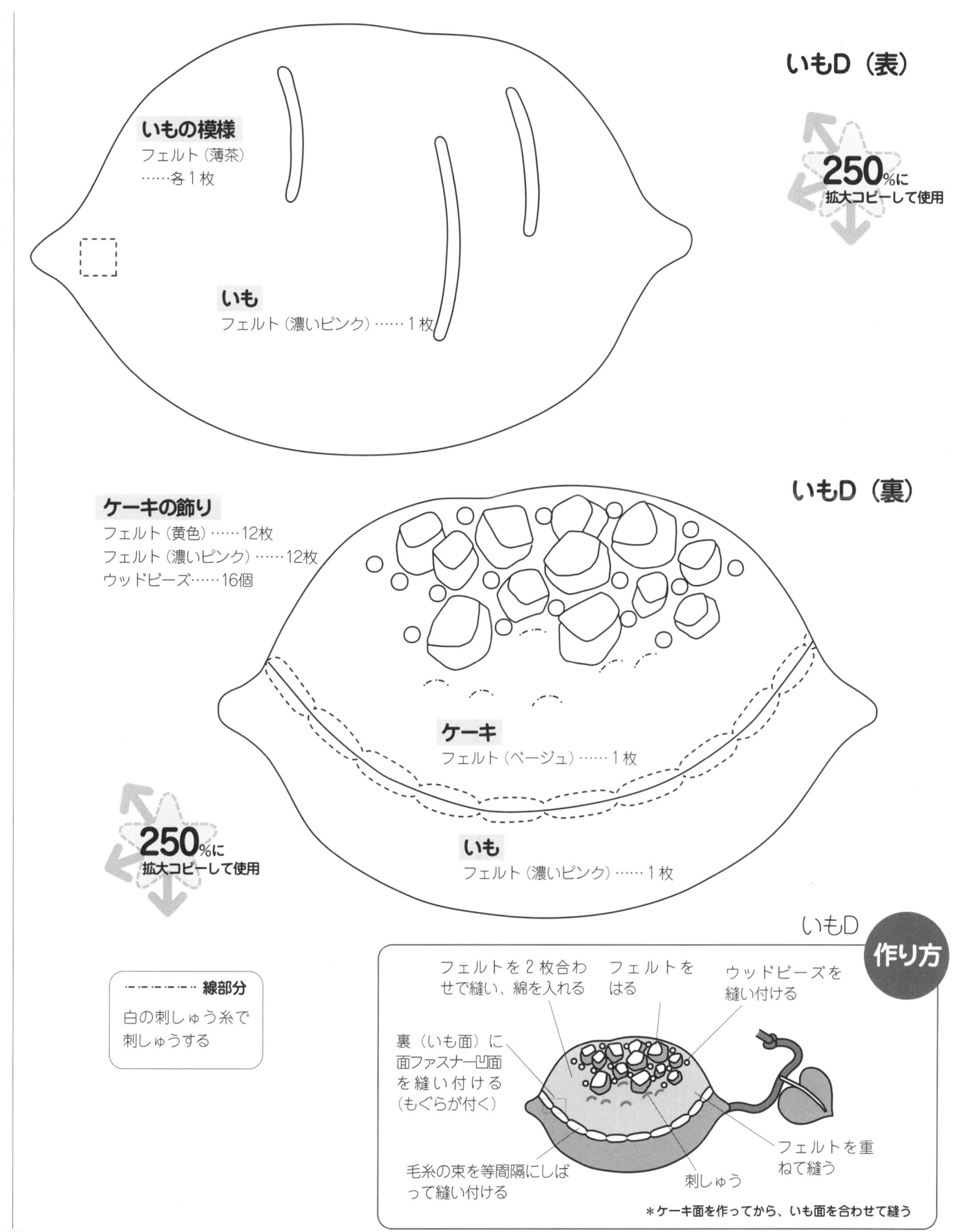

おいも掘りの作り方 型紙

いもD（表）

250% に拡大コピーして使用

いもの模様
フェルト（薄茶）……各1枚

いも
フェルト（濃いピンク）……1枚

いもD（裏）

ケーキの飾り
フェルト（黄色）……12枚
フェルト（濃いピンク）……12枚
ウッドビーズ……16個

ケーキ
フェルト（ベージュ）……1枚

いも
フェルト（濃いピンク）……1枚

250% に拡大コピーして使用

―・―・―・― 線部分
白の刺しゅう糸で刺しゅうする

いもD　**作り方**

フェルトを2枚合わせて縫い、綿を入れる
フェルトをはる
ウッドビーズを縫い付ける
裏（いも面）に面ファスナー凹面を縫い付ける（もぐらが付く）
毛糸の束を等間隔にしばって縫い付ける
刺しゅう
フェルトを重ねて縫う

＊ケーキ面を作ってから、いも面を合わせて縫う

63

ピヨピヨちゃんをさがそうの作り方 型紙

200%に拡大コピーして使用

土管ポケット

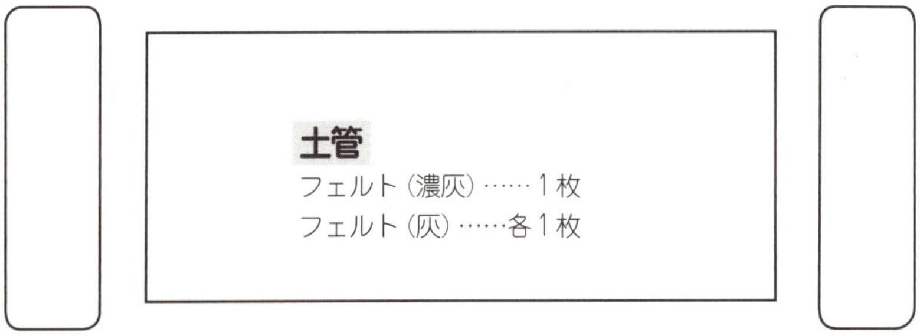

土管
フェルト（濃灰）……1枚
フェルト（灰）……各1枚

木ポケットA・B

200%に拡大コピーして使用

木②
フェルト（濃い緑）……1枚

木①
フェルト（緑）……1枚

幹
フェルト（茶）……各1枚

材料

◎エプロン
- ピンク色のエプロン（作り方は33ページ）
- 木綿地（プリント）約45cm×18cm（草原ポケット用）
- 木綿地（黄緑）約23cm×15cm（お花ポケット用）
- フェルト
- 面ファスナー（凹面 ピンク、緑、灰色）
- ナイロン地（薄い布）約17cm×18cm（草むらポケットの裏用）

◎人形
- フェルト
- 動眼（直径1.3cm）8個
- 綿　・刺しゅう糸
- 面ファスナー（凸面）
- 綿ロープ　・波形テープ

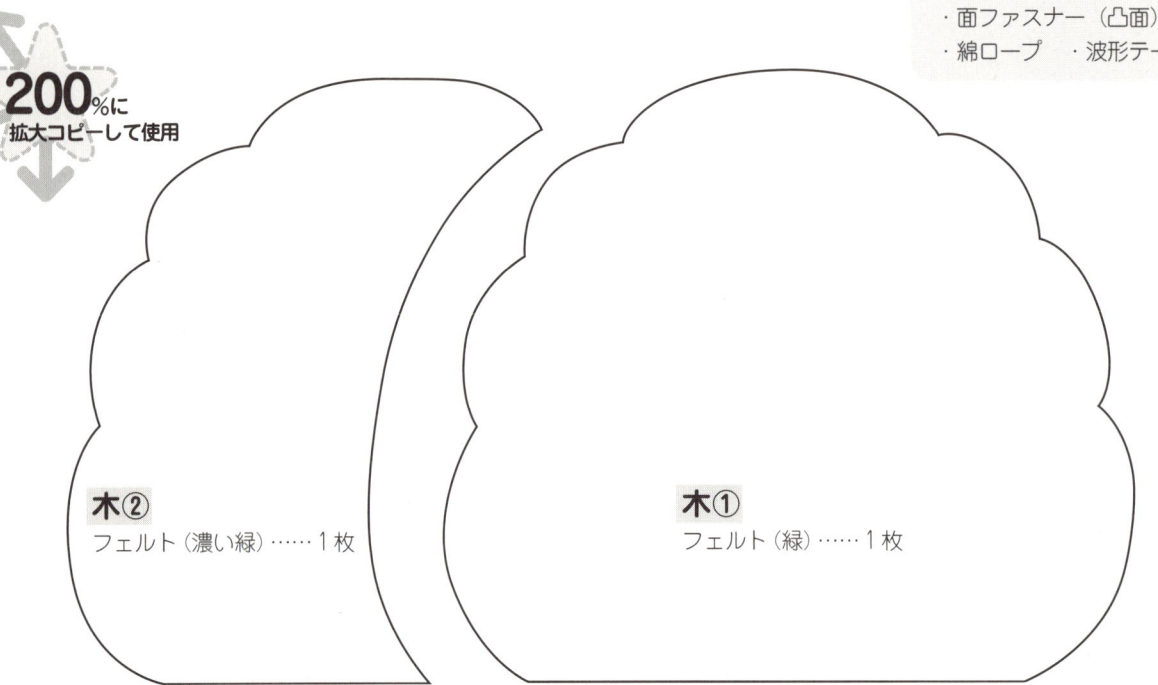

ピヨピヨちゃんをさがそうの作り方 型紙

草むらポケット

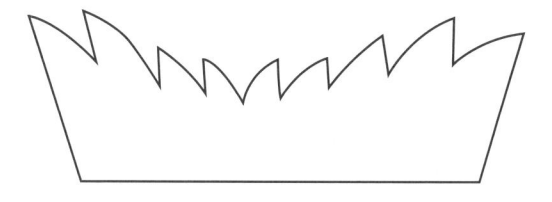

200%に拡大コピーして使用

草
フェルト（緑）……1枚

砂場ポケット

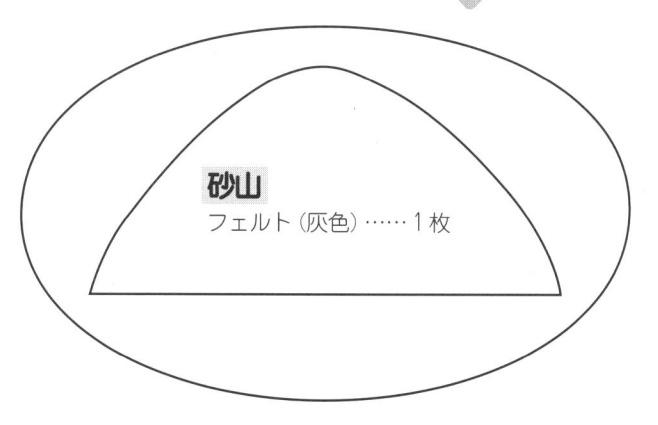

200%に拡大コピーして使用

砂山
フェルト（灰色）……1枚

砂場
フェルト（濃灰色）……1枚

草原ポケット

200%に拡大コピーして使用

草原
木綿地（プリント）……1枚

草
面ファスナー凹面（緑）……1枚

お花ポケット

バック
木綿地（黄緑）……1枚

花
フェルト（赤、ピンク）……2枚
フェルト（オレンジ）……1枚

花の中央
フェルト（クリーム）……5枚

葉
フェルト（緑）……5枚
フェルト（薄緑）……3枚

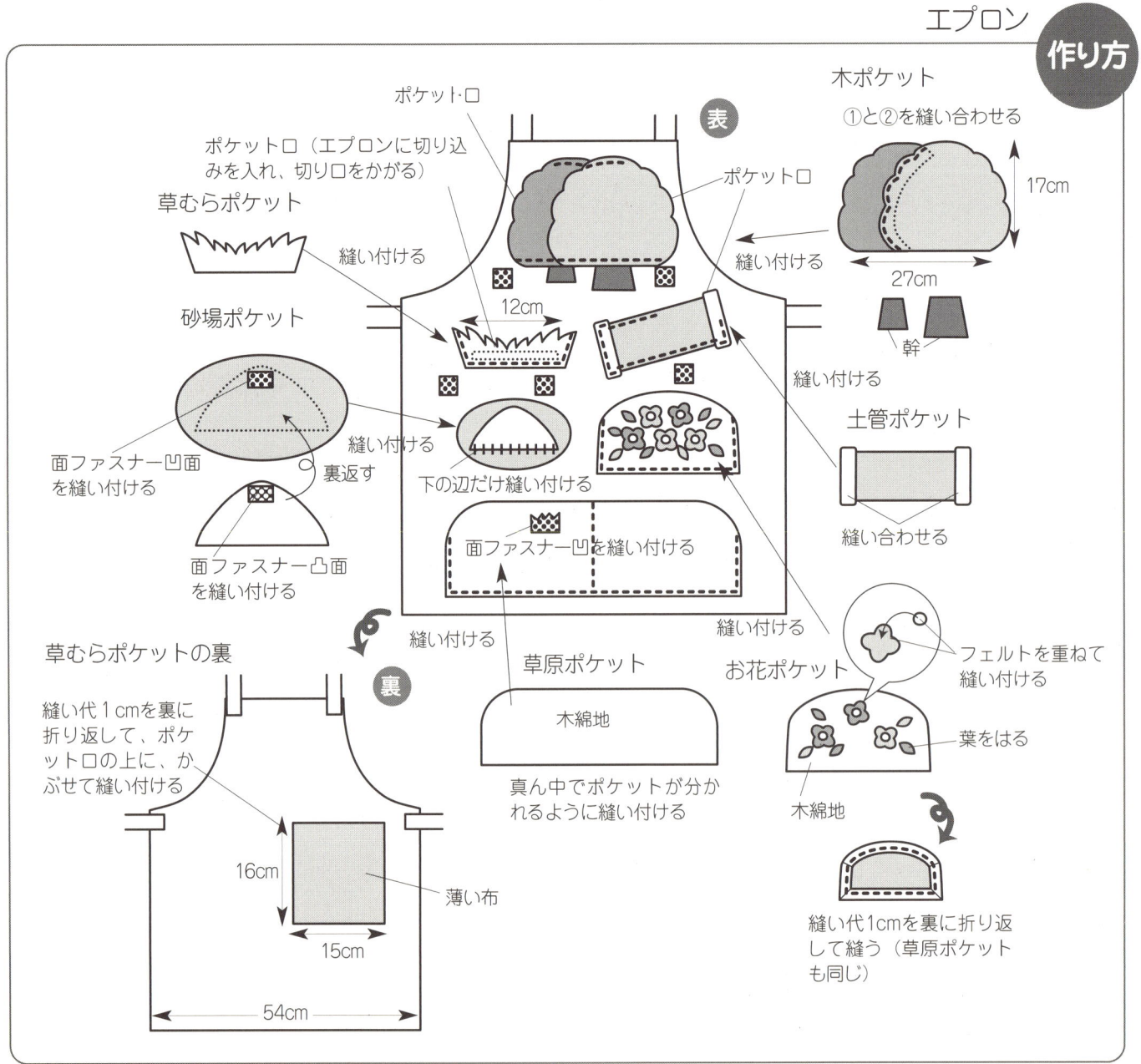

200%に拡大コピーして使用

ピヨピヨちゃんをさがそうの作り方 型紙

エプロン　作り方

木ポケット
①と②を縫い合わせる
17cm
27cm
幹

ポケット口（エプロンに切り込みを入れ、切り口をかがる）
ポケット・口
表
ポケット口
縫い付ける

草むらポケット
縫い付ける
12cm

砂場ポケット
面ファスナー凹面を縫い付ける
裏返す
面ファスナー凸面を縫い付ける
下の辺だけ縫い付ける

土管ポケット
縫い合わせる

面ファスナー凹を縫い付ける

お花ポケット
フェルトを重ねて縫い付ける
葉をはる
木綿地

草むらポケットの裏
縫い代1cmを裏に折り返して、ポケット口の上に、かぶせて縫い付ける
裏

草原ポケット
木綿地
真ん中でポケットが分かれるように縫い付ける

16cm
15cm
薄い布
54cm

縫い代1cmを裏に折り返して縫う（草原ポケットも同じ）

ピヨピヨちゃん

実寸型紙

- - - - - 線部分
オレンジの刺しゅう糸で刺しゅうする

帽子
フェルト（白）……2枚

くちばし
フェルト（オレンジ）……1枚

翼
面ファスナー凸面（オレンジ）……2枚
（表裏分・1枚は反転コピー）

胴
フェルト（黄）……2枚

足
フェルト（オレンジ）……2枚（左右分）

ピヨピヨちゃん 作り方

- 帽子はフェルトを2枚合わせ、頭を挟んで縫う
- 刺しゅう
- 動眼をはる
- フェルト1枚を挟む
- フェルトを2枚合わせて縫い、綿を入れる
- 面ファスナー凸面を縫い付ける
- フェルト1枚を挟む

＊裏面にも動眼と面ファスナー凸面を付け、両面とも使えるようにします

コッコ母さん 作り方

- とさかはフェルトを1枚挟む
- 動眼をはる
- フェルトを1枚挟む
- フェルトをはる
- フェルトを2枚合わせで縫い綿を入れる
- 裏
- 足はフェルトを1枚挟む
- 面ファスナー凸を縫い付ける

コッコ母さん 実寸型紙

とさか
フェルト（赤）……1枚

くちばし
フェルト（オレンジ）……1枚

翼
フェルト（白）……2枚（左右分）

胴
フェルト（白）……2枚

足
フェルト（オレンジ）……2枚（左右分）

ピヨピヨちゃんをさがそうの作り方 型紙

ねずみ

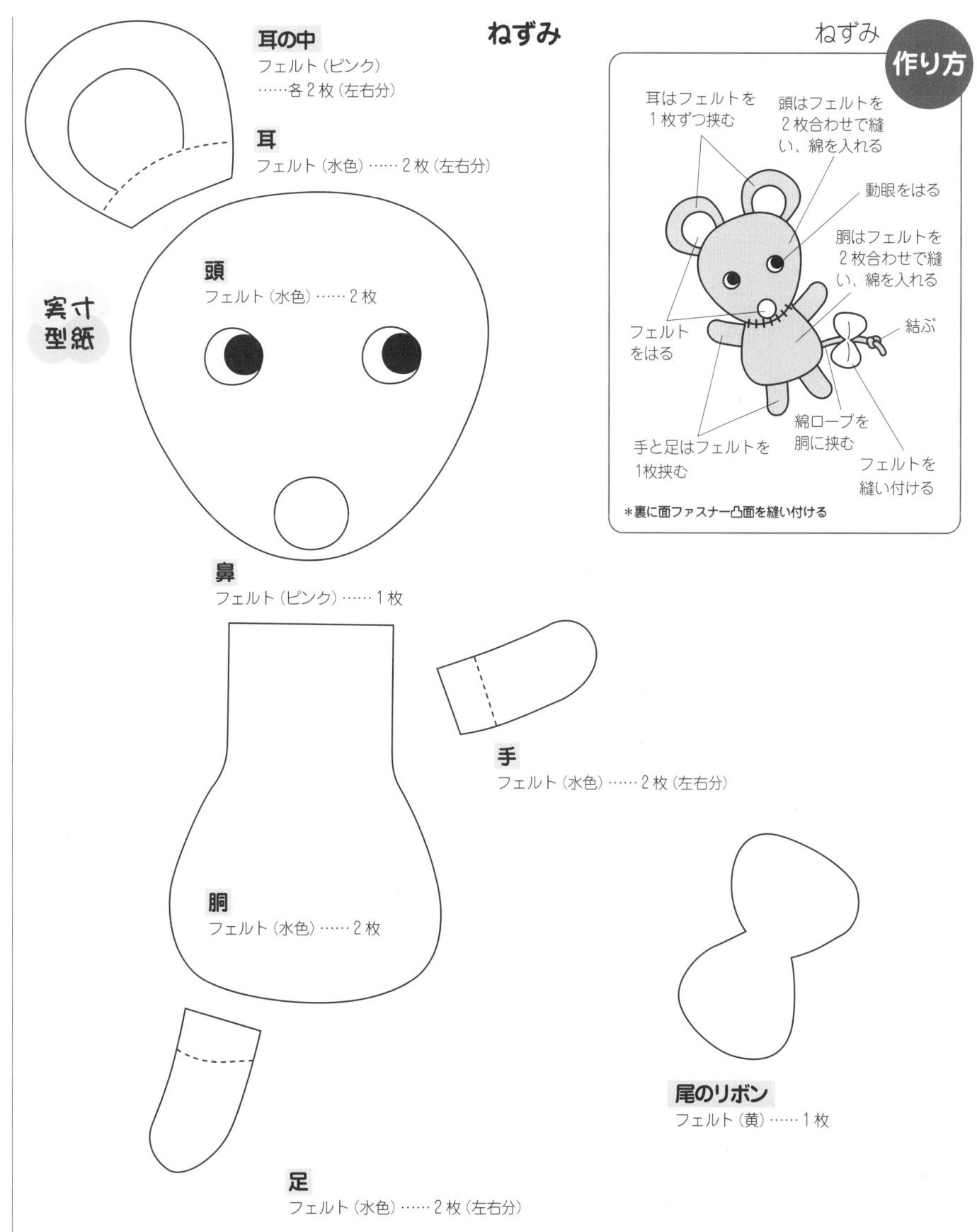

実寸型紙

耳の中
フェルト（ピンク）……各2枚（左右分）

耳
フェルト（水色）……2枚（左右分）

頭
フェルト（水色）……2枚

鼻
フェルト（ピンク）……1枚

胴
フェルト（水色）……2枚

手
フェルト（水色）……2枚（左右分）

足
フェルト（水色）……2枚（左右分）

尾のリボン
フェルト（黄）……1枚

ねずみ 作り方

- 耳はフェルトを1枚ずつ挟む
- 頭はフェルトを2枚合わせで縫い、綿を入れる
- 動眼をはる
- 胴はフェルトを2枚合わせで縫い、綿を入れる
- フェルトをはる
- 手と足はフェルトを1枚挟む
- 綿ロープを胴に挟む
- 結ぶ
- フェルトを縫い付ける

＊裏に面ファスナー凸面を縫い付ける

かえる

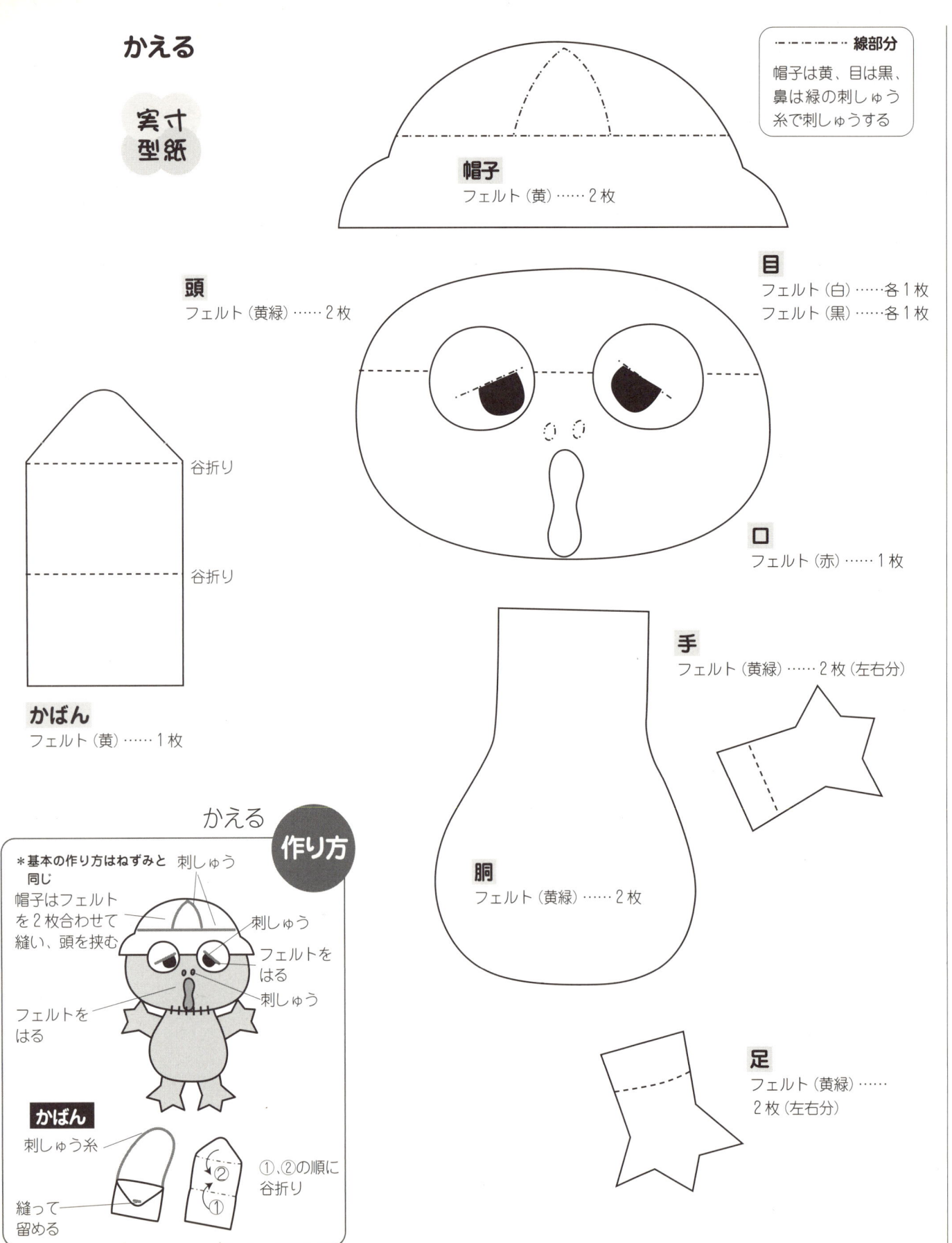

実寸型紙

線部分
帽子は黄、目は黒、鼻は緑の刺しゅう糸で刺しゅうする

帽子
フェルト（黄）……2枚

頭
フェルト（黄緑）……2枚

目
フェルト（白）……各1枚
フェルト（黒）……各1枚

口
フェルト（赤）……1枚

かばん
フェルト（黄）……1枚

谷折り
谷折り

胴
フェルト（黄緑）……2枚

手
フェルト（黄緑）……2枚（左右分）

足
フェルト（黄緑）……2枚（左右分）

作り方　かえる

*基本の作り方はねずみと同じ

帽子はフェルトを2枚合わせて縫い、頭を挟む

刺しゅう
刺しゅう
フェルトをはる
刺しゅう
フェルトをはる

かばん
刺しゅう糸
縫って留める
①、②の順に谷折り

ピヨピヨちゃんをさがそうの作り方 型紙

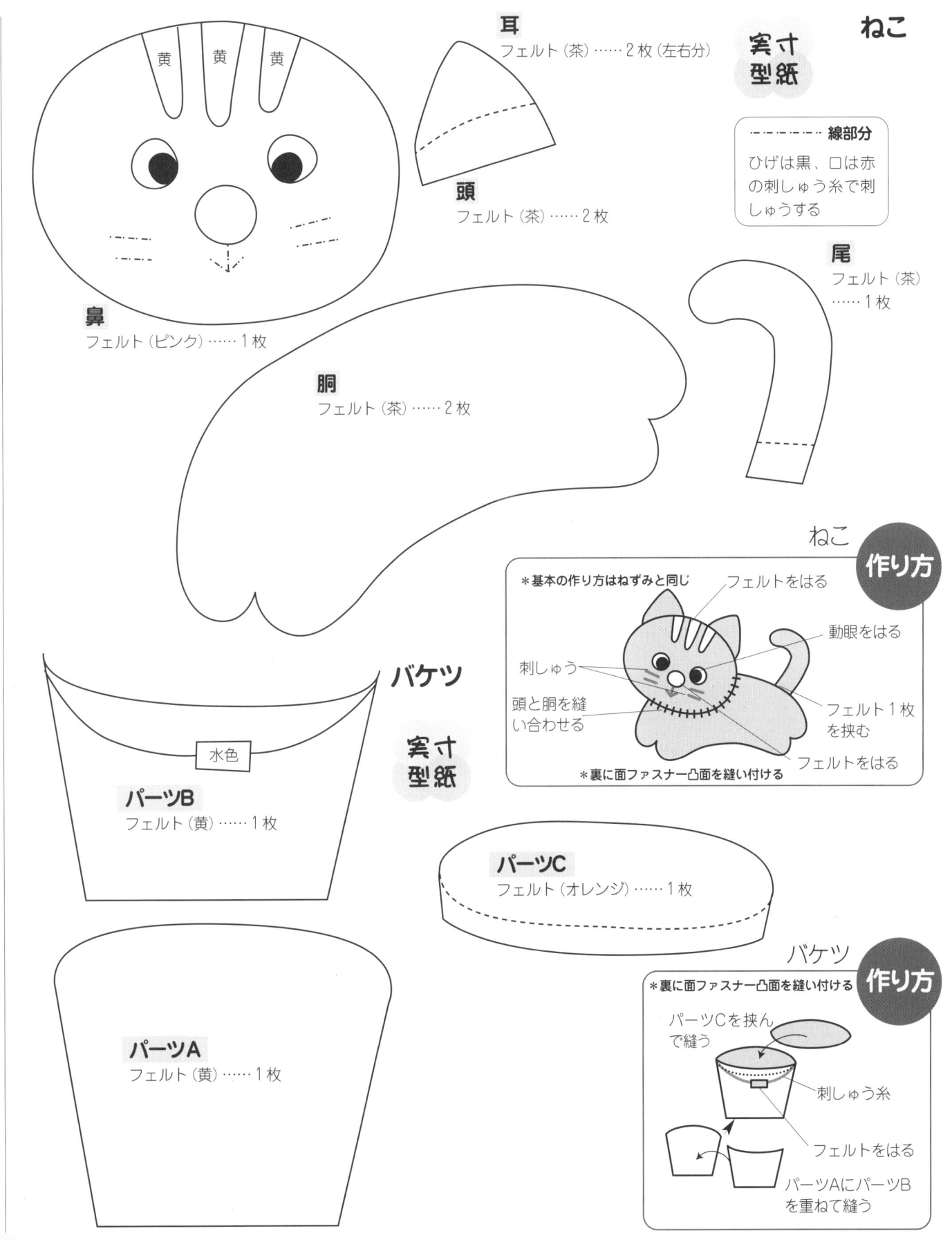

ねこ

実寸型紙

耳
フェルト（茶）……2枚（左右分）

頭
フェルト（茶）……2枚

黄 黄 黄

------- 線部分
ひげは黒、口は赤の刺しゅう糸で刺しゅうする

鼻
フェルト（ピンク）……1枚

尾
フェルト（茶）……1枚

胴
フェルト（茶）……2枚

ピヨピヨちゃんをさがそうの作り方 型紙

ねこ 作り方

＊基本の作り方はねずみと同じ
- フェルトをはる
- 動眼をはる
- 刺しゅう
- 頭と胴を縫い合わせる
- フェルト1枚を挟む
- フェルトをはる

＊裏に面ファスナー凸面を縫い付ける

バケツ

実寸型紙

パーツB
水色
フェルト（黄）……1枚

パーツC
フェルト（オレンジ）……1枚

パーツA
フェルト（黄）……1枚

バケツ 作り方

＊裏に面ファスナー凸面を縫い付ける
- パーツCを挟んで縫う
- 刺しゅう糸
- フェルトをはる
- パーツAにパーツBを重ねて縫う

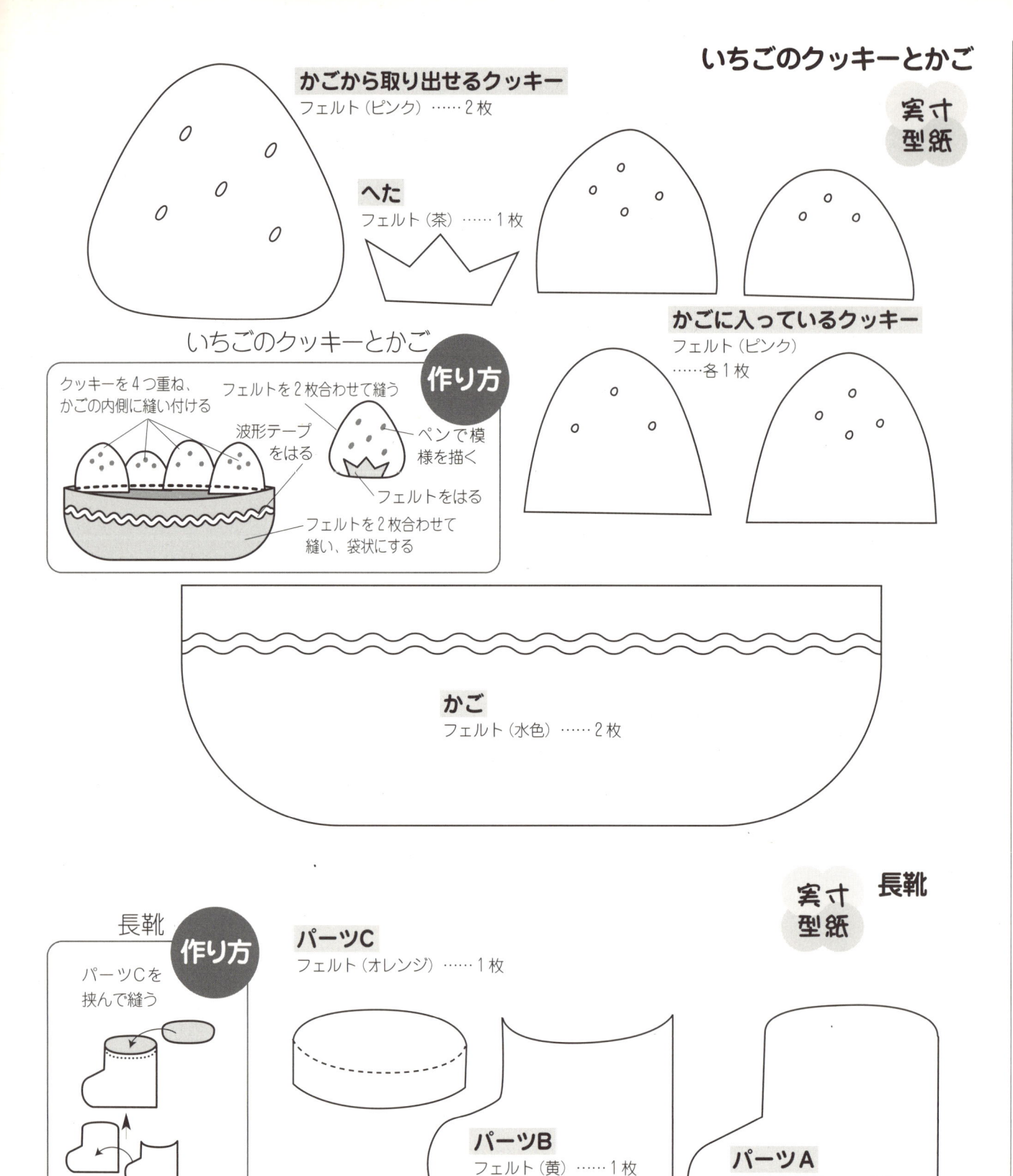

ピヨピヨちゃんをさがそうの作り方 型紙

いちごのクッキーとかご　実寸型紙

かごから取り出せるクッキー
フェルト（ピンク）……2枚

へた
フェルト（茶）……1枚

かごに入っているクッキー
フェルト（ピンク）……各1枚

いちごのクッキーとかご　作り方

- クッキーを4つ重ね、かごの内側に縫い付ける
- フェルトを2枚合わせて縫う
- 波形テープをはる
- ペンで模様を描く
- フェルトをはる
- フェルトを2枚合わせて縫い、袋状にする

かご
フェルト（水色）……2枚

長靴　実寸型紙

長靴　作り方

- パーツCを挟んで縫う
- パーツAにパーツBを重ねて縫う
- ＊裏に面ファスナー凸面を縫い付ける

パーツC
フェルト（オレンジ）……1枚

パーツB
フェルト（黄）……1枚

パーツA
フェルト（黄）……1枚

72

森のかくれんぼの作り方 型紙

エプロンとポケット

作り方

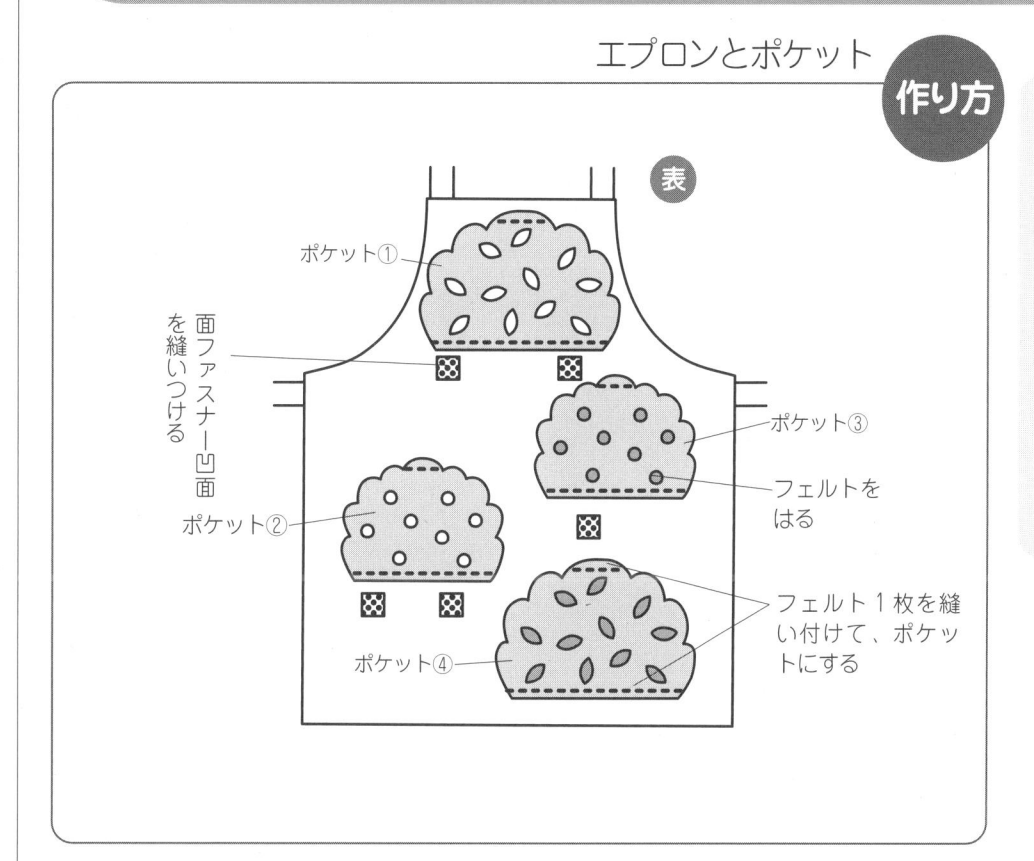

表

- ポケット①
- 面ファスナー凹面を縫いつける
- ポケット②
- ポケット③
- フェルトをはる
- ポケット④
- フェルト1枚を縫い付けて、ポケットにする

材料

◎エプロン
- ピンク色のエプロン（作り方は33ページ）
- フェルト40cm×40cm（緑、黄緑）各1枚
- その他のフェルト
- 面ファスナー（凹面）（ピンク）

◎人形
- フェルト
- 動眼（直径1.5cm）10個
- 綿
- 刺しゅう糸
- 面ファスナー（凸面）

300%に拡大コピーして使用

ポケット②・③（共通）

ポケット（2個分）
フェルト（緑・黄緑）……各1枚

実
フェルト（黄、ピンク）……各8枚

ポケット①・④（共通）

ポケット（2個分）
フェルト（緑、黄緑）……各1枚

葉
フェルト（緑、薄緑）……各11枚

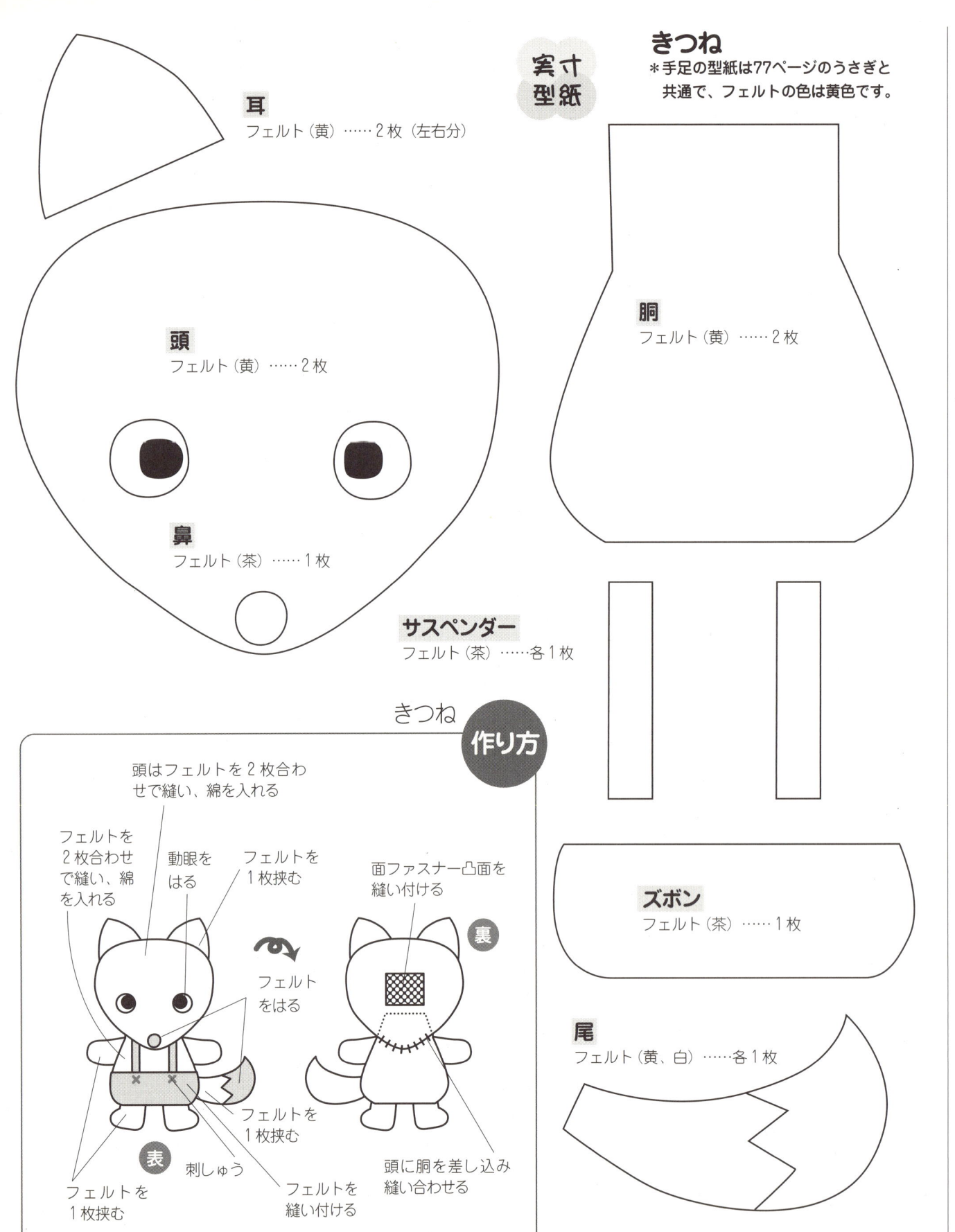

森のかくれんぼの作り方 型紙

きつね　実寸型紙

*手足の型紙は77ページのうさぎと共通で、フェルトの色は黄色です。

耳　フェルト（黄）……2枚（左右分）

頭　フェルト（黄）……2枚

鼻　フェルト（茶）……1枚

胴　フェルト（黄）……2枚

サスペンダー　フェルト（茶）……各1枚

ズボン　フェルト（茶）……1枚

尾　フェルト（黄、白）……各1枚

きつね　作り方

- 頭はフェルトを2枚合わせで縫い、綿を入れる
- フェルトを2枚合わせで縫い、綿を入れる
- 動眼をはる
- フェルトを1枚挟む
- 面ファスナー凸面を縫い付ける
- フェルトをはる
- フェルトを1枚挟む
- フェルトを縫い付ける
- フェルトを1枚挟む
- 刺しゅう
- 頭に胴を差し込み縫い合わせる

表／裏

森のかくれんぼの作り方 型紙

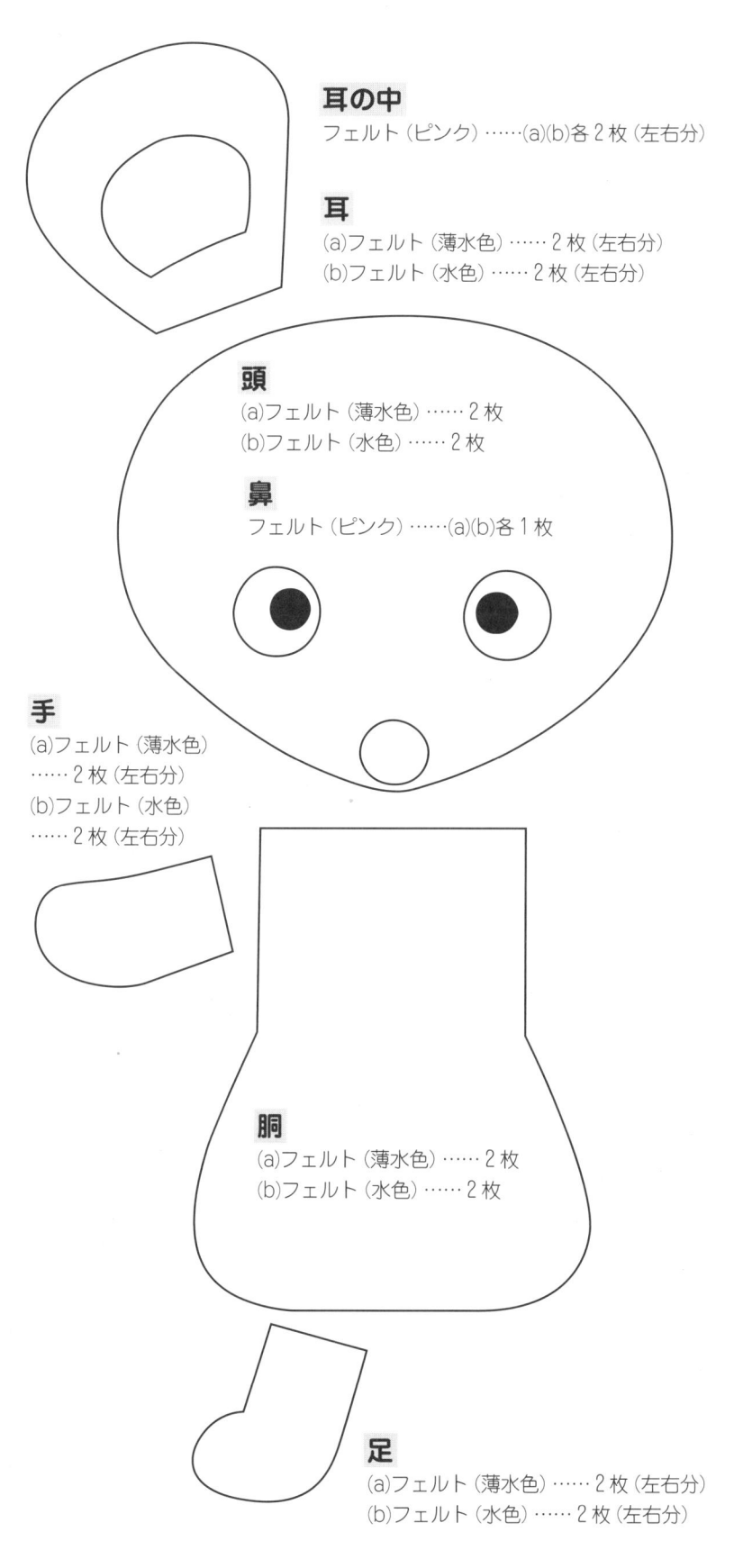

ねずみ(a)(b)

実寸型紙

ねずみ(a)(b) 作り方

* 基本の作り方はきつねと同じです

フェルトをはる

* 裏に面ファスナー凸面を縫い付ける

フェルト1枚を挟む

耳の中
フェルト（ピンク）……(a)(b)各2枚（左右分）

耳
(a)フェルト（薄水色）……2枚（左右分）
(b)フェルト（水色）……2枚（左右分）

頭
(a)フェルト（薄水色）……2枚
(b)フェルト（水色）……2枚

鼻
フェルト（ピンク）……(a)(b)各1枚

手
(a)フェルト（薄水色）……2枚（左右分）
(b)フェルト（水色）……2枚（左右分）

胴
(a)フェルト（薄水色）……2枚
(b)フェルト（水色）……2枚

ベスト
(a)フェルト（オレンジ）……各1枚
(b)フェルト（黄）……各1枚

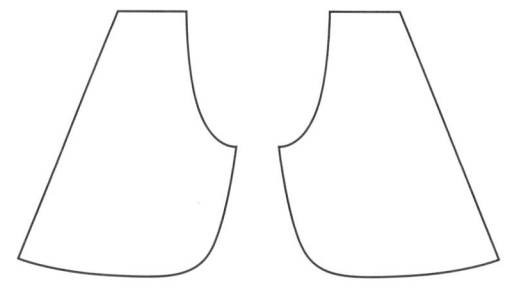

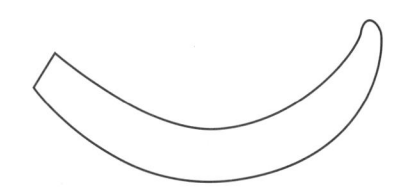

足
(a)フェルト（薄水色）……2枚（左右分）
(b)フェルト（水色）……2枚（左右分）

尾
フェルト（ピンク）……(a)(b)各1枚

森のかくれんぼの作り方 型紙

くま

実寸型紙

＊手足はうさぎと、胴はきつねと共通です（色は茶色）

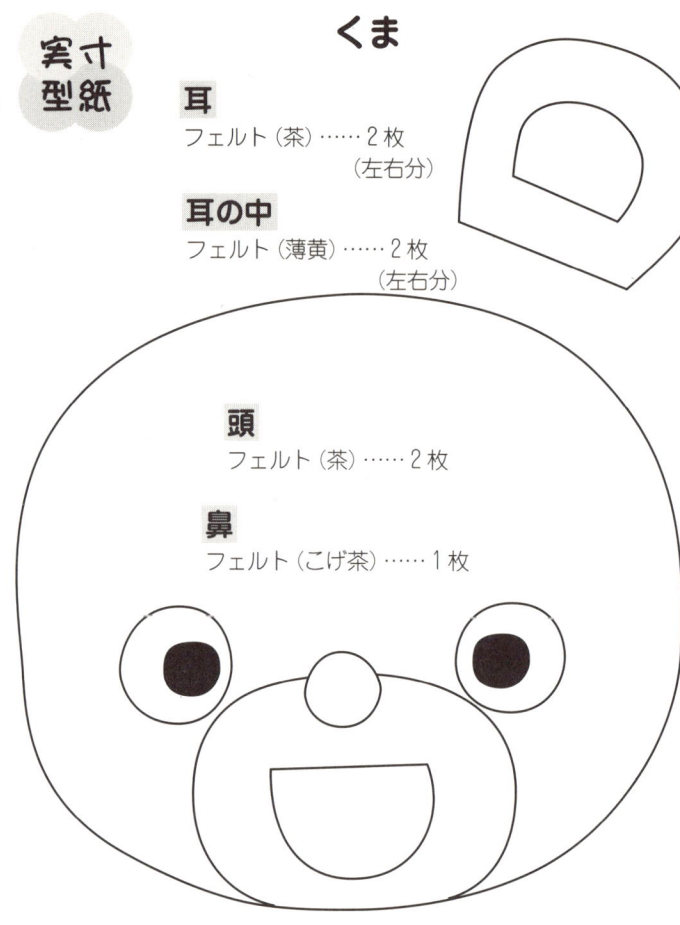

耳
フェルト（茶）……2枚
（左右分）

耳の中
フェルト（薄黄）……2枚
（左右分）

頭
フェルト（茶）……2枚

鼻
フェルト（こげ茶）……1枚

口の周り
フェルト（薄黄）……1枚

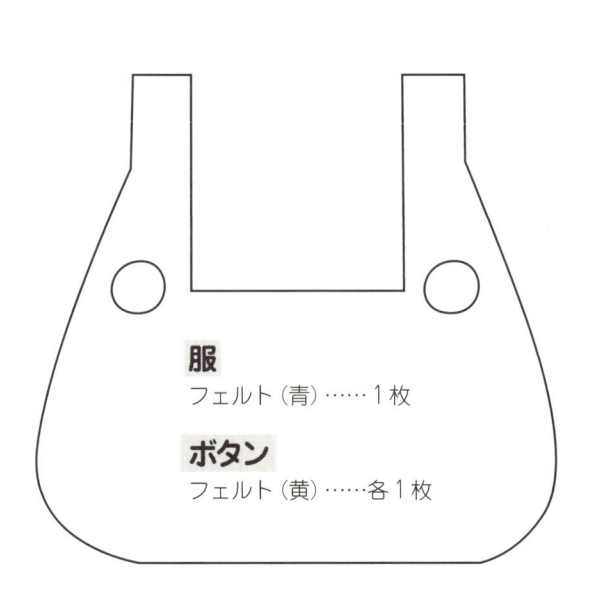

口
フェルト（赤）……1枚

服
フェルト（青）……1枚

ボタン
フェルト（黄）……各1枚

くま 作り方

＊基本の作り方はきつねと同じです

フェルトをはる

＊裏に面ファスナー凸面を縫い付ける

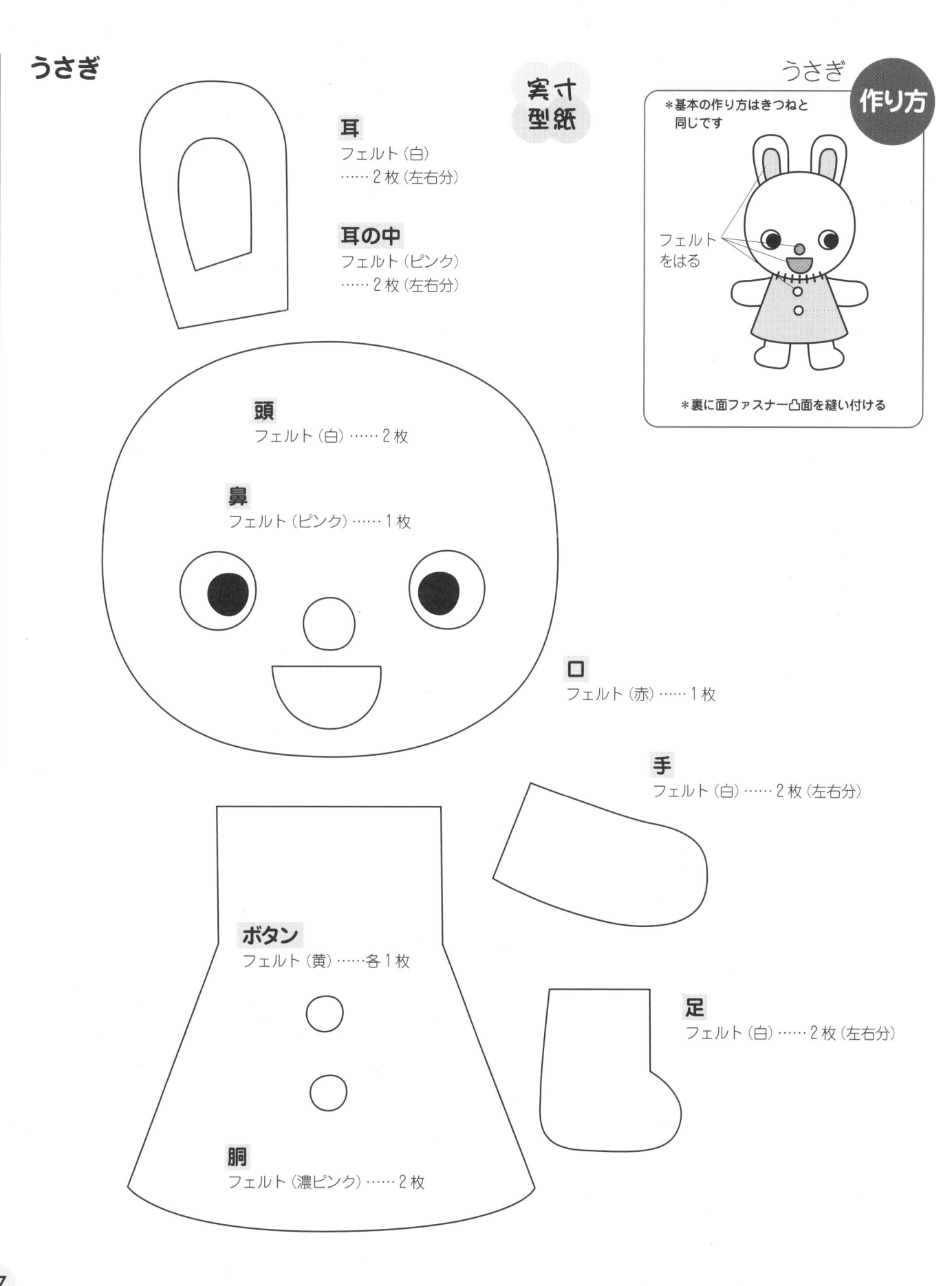

森のかくれんぼの作り方 型紙

うさぎ

実寸型紙

うさぎ 作り方

*基本の作り方はきつねと同じです

フェルトをはる

*裏に面ファスナー凸面を縫い付ける

耳
フェルト（白）……2枚（左右分）

耳の中
フェルト（ピンク）……2枚（左右分）

頭
フェルト（白）……2枚

鼻
フェルト（ピンク）……1枚

口
フェルト（赤）……1枚

手
フェルト（白）……2枚（左右分）

ボタン
フェルト（黄）……各1枚

胴
フェルト（濃ピンク）……2枚

足
フェルト（白）……2枚（左右分）

ねこちゃんの誕生日の作り方 型紙

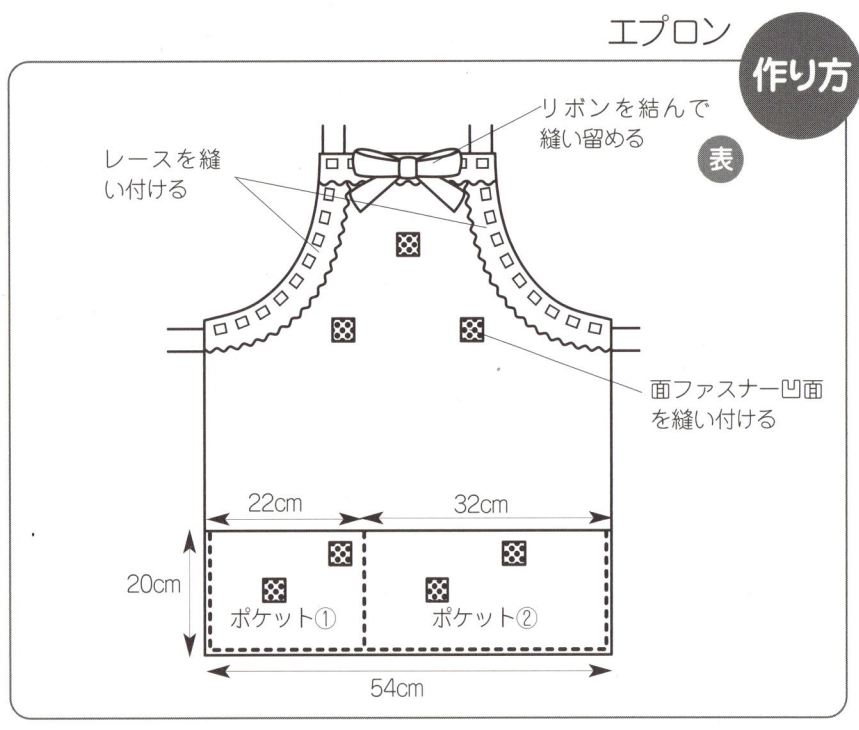

エプロン

作り方

- リボンを結んで縫い留める
- レースを縫い付ける
- 表
- 面ファスナー凹面を縫い付ける
- 22cm
- 32cm
- 20cm
- ポケット①
- ポケット②
- 54cm

材料

＊うさぎとくまは「森のかくれんぼ」の人形と共通です

◎エプロン
- 黄色のエプロン（作り方は33ページ）
- キルティング地（黄色）約56cm×23cm（ポケット用）
- レース
- リボン（赤）
- 面ファスナー（凹面、黄色）

◎人形
- フェルト
- 動眼（直径1.5cm×3個）、（直径1.8cm×2個）
- 綿
- 刺しゅう糸
- 面ファスナー（凸面）（凹面）
- リボン
- 波形テープ
- スパンコール

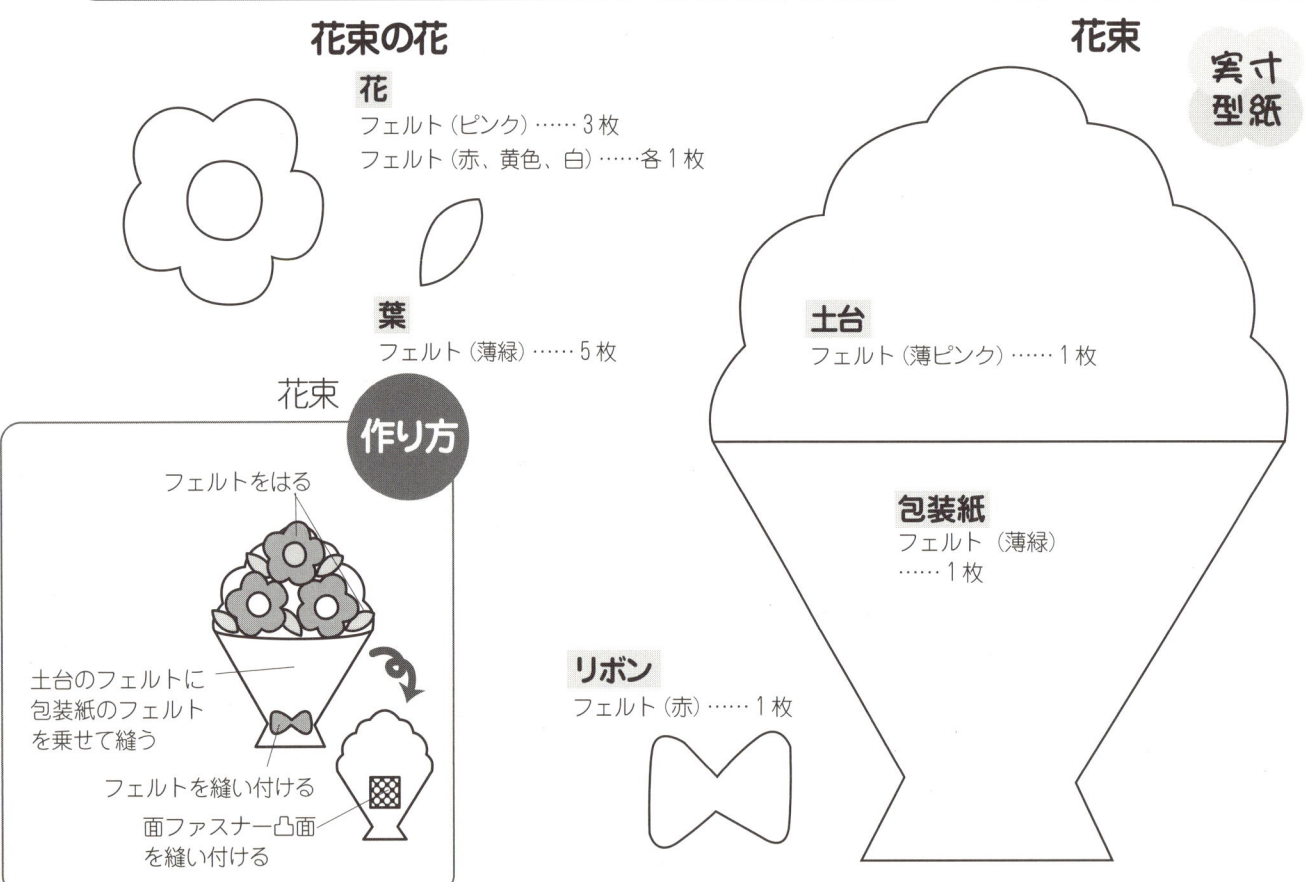

花束の花

花
- フェルト（ピンク）……3枚
- フェルト（赤、黄色、白）……各1枚

葉
- フェルト（薄緑）……5枚

花束

実寸型紙

土台
フェルト（薄ピンク）……1枚

包装紙
フェルト（薄緑）……1枚

リボン
フェルト（赤）……1枚

花束 作り方

- フェルトをはる
- 土台のフェルトに包装紙のフェルトを乗せて縫う
- フェルトを縫い付ける
- 面ファスナー凸面を縫い付ける

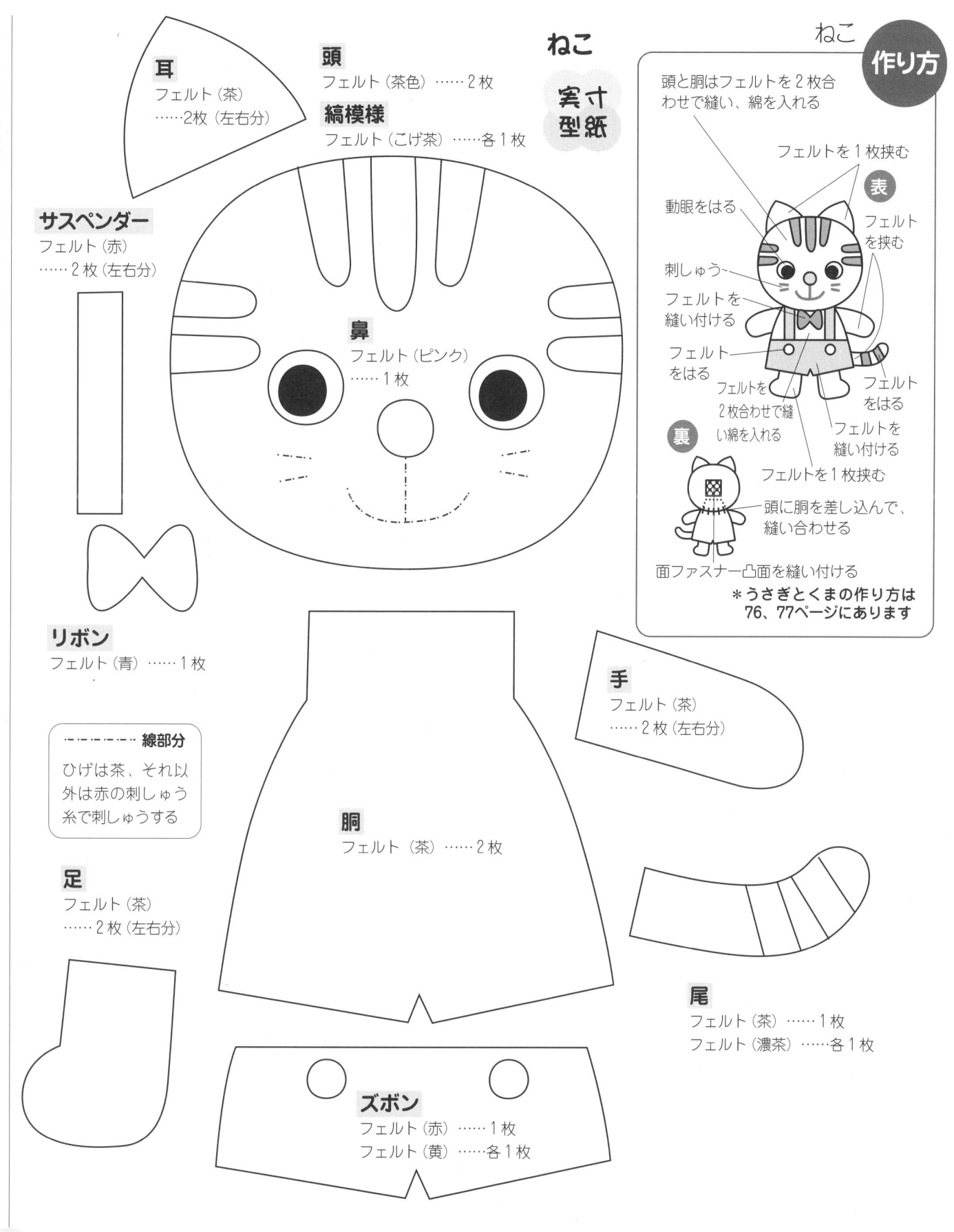

ねこちゃんの誕生日の作り方 型紙

ねこ 実寸型紙

耳
フェルト（茶）……2枚（左右分）

頭
フェルト（茶色）……2枚

縞模様
フェルト（こげ茶）……各1枚

サスペンダー
フェルト（赤）……2枚（左右分）

鼻
フェルト（ピンク）……1枚

リボン
フェルト（青）……1枚

―・―・― 線部分
ひげは茶、それ以外は赤の刺しゅう糸で刺しゅうする

足
フェルト（茶）……2枚（左右分）

胴
フェルト（茶）……2枚

手
フェルト（茶）……2枚（左右分）

尾
フェルト（茶）……1枚
フェルト（濃茶）……各1枚

ズボン
フェルト（赤）……1枚
フェルト（黄）……各1枚

ねこ 作り方

頭と胴はフェルトを2枚合わせで縫い、綿を入れる

フェルトを1枚挟む

動眼をはる

刺しゅう

フェルトを縫い付ける

フェルトを挟む

フェルトをはる

フェルトを2枚合わせで縫い綿を入れる

フェルトを縫い付ける

フェルトを1枚挟む

頭に胴を差し込んで、縫い合わせる

面ファスナー凸面を縫い付ける

＊うさぎとくまの作り方は76、77ページにあります

ぞう

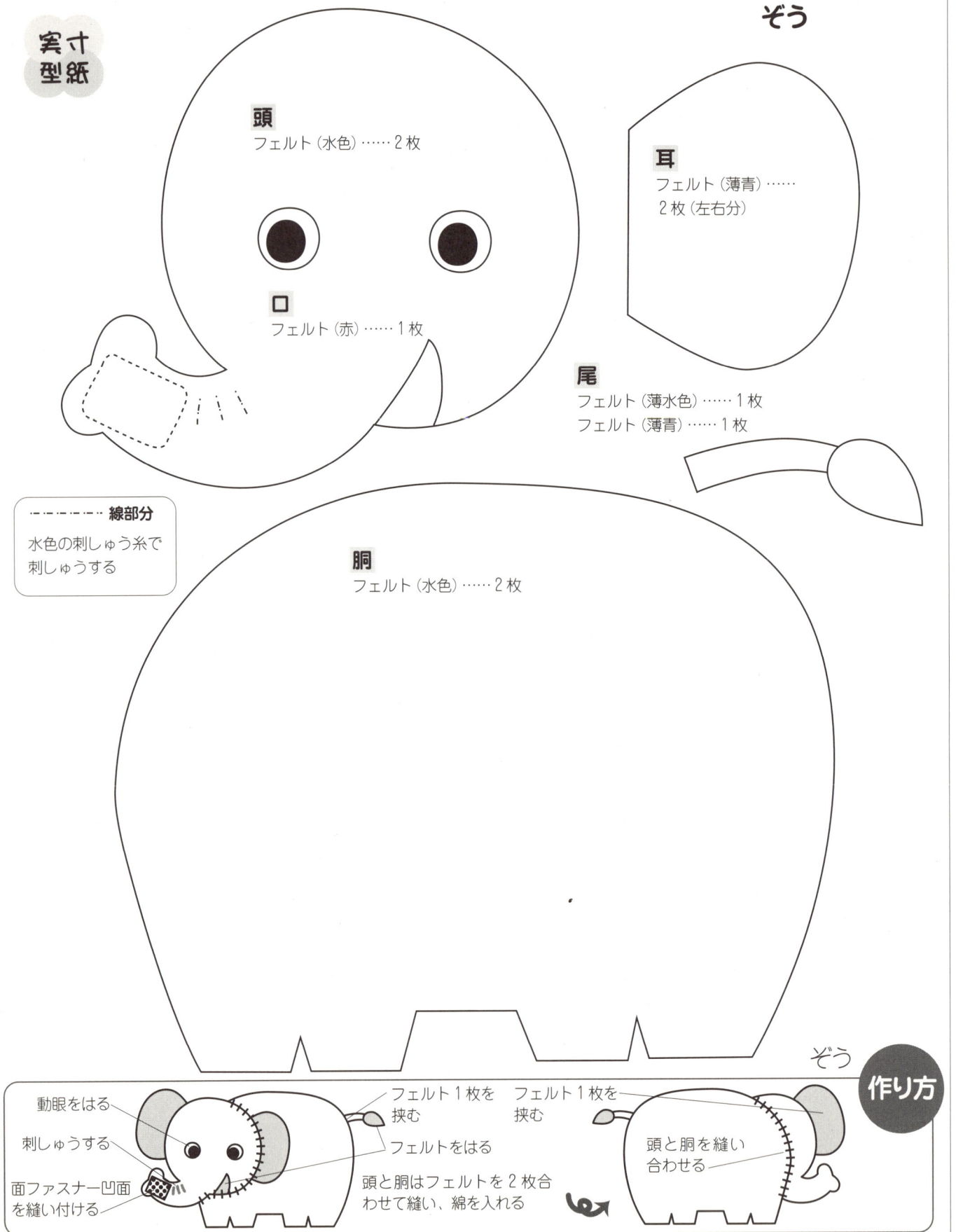

実寸型紙

頭
フェルト（水色）……2枚

耳
フェルト（薄青）……2枚（左右分）

口
フェルト（赤）……1枚

尾
フェルト（薄水色）……1枚
フェルト（薄青）……1枚

‑・‑・‑ **線部分**
水色の刺しゅう糸で刺しゅうする

胴
フェルト（水色）……2枚

ねこちゃんの誕生日の作り方 型紙

作り方 ぞう

- 動眼をはる
- 刺しゅうする
- 面ファスナー凹面を縫い付ける
- フェルト1枚を挟む
- フェルトをはる
- 頭と胴はフェルトを2枚合わせて縫い、綿を入れる
- フェルト1枚を挟む
- 頭と胴を縫い合わせる

80

ねこちゃんの誕生日の作り方 型紙

魚

背びれ フェルト（黄色）……1枚

胴 フェルト（水色）……各1枚

尾びれ フェルト（黄色）……1枚

うろこ フェルト（薄緑）……7枚

胸びれ、しりびれ フェルト（黄色）……各1枚

-・-・- 線部分 黒の刺しゅう糸で刺しゅうする

200%に拡大コピーして使用

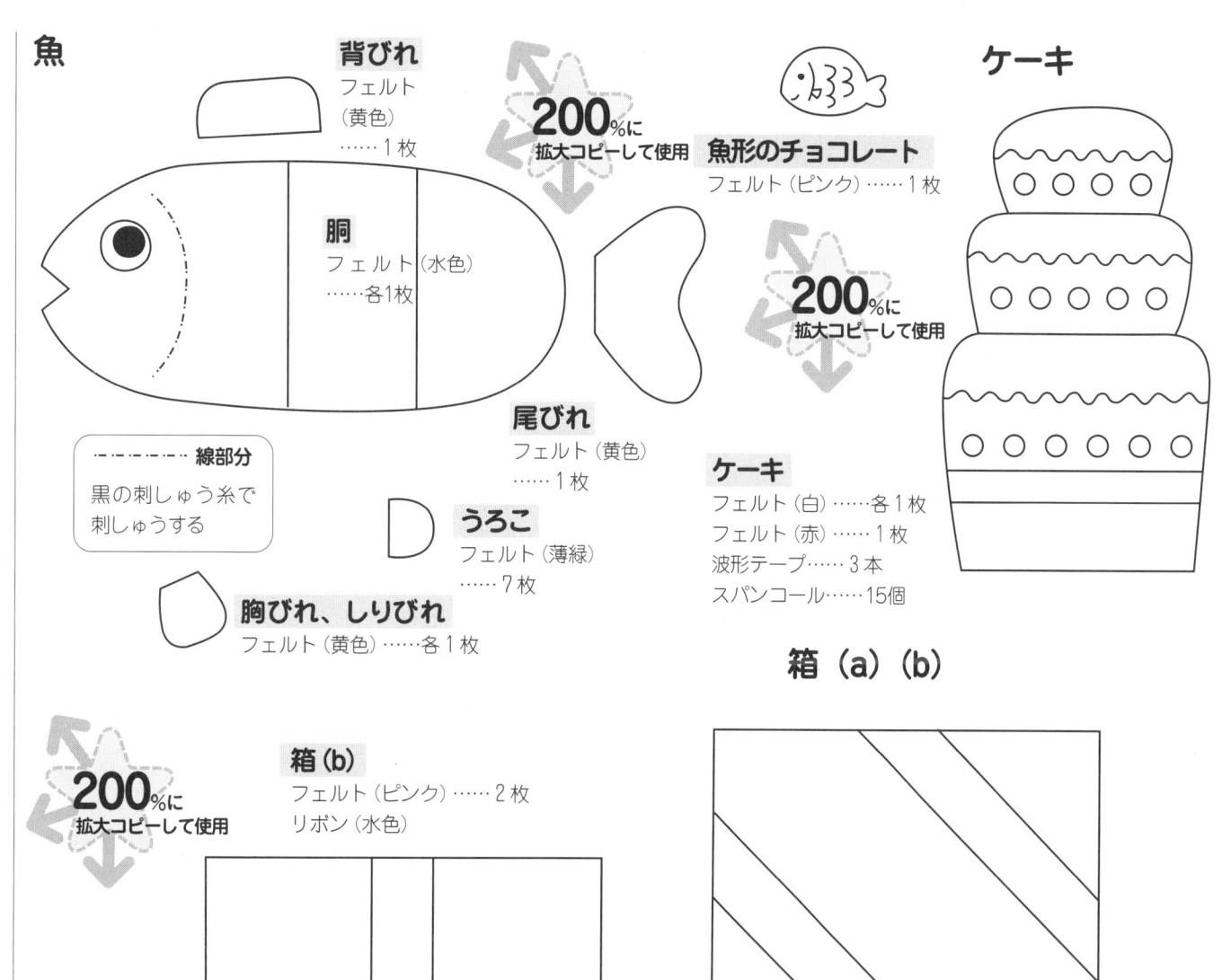

魚形のチョコレート
フェルト（ピンク）……1枚

200%に拡大コピーして使用

ケーキ
フェルト（白）……各1枚
フェルト（赤）……1枚
波形テープ……3本
スパンコール……15個

箱（a）（b）

箱（b） フェルト（ピンク）……2枚　リボン（水色）

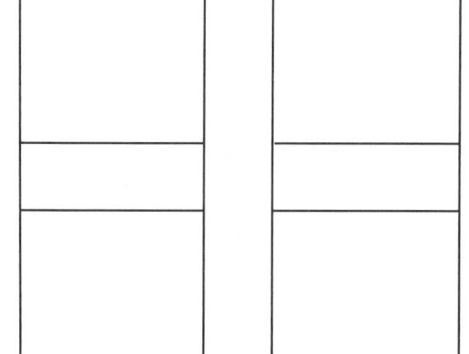

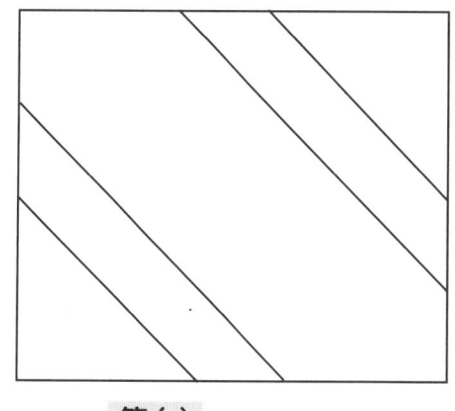

箱（a） フェルト（黄緑）……2枚　リボン（ピンク）

200%に拡大コピーして使用

プレゼント 作り方

箱
- 1.8cm幅のリボンを折って縫い付ける
- 袋状になるように、フェルトを縫い合わせる
- リボンを縫い付ける
- 10cm
- 12cm
- 面ファスナー凸面を縫い付ける

ケーキ
- フェルトに絵を描いてはる
- ゆるくかがる
- フェルトをはる
- 波形テープをはる
- スパンコールをはる
- 面ファスナー凸面

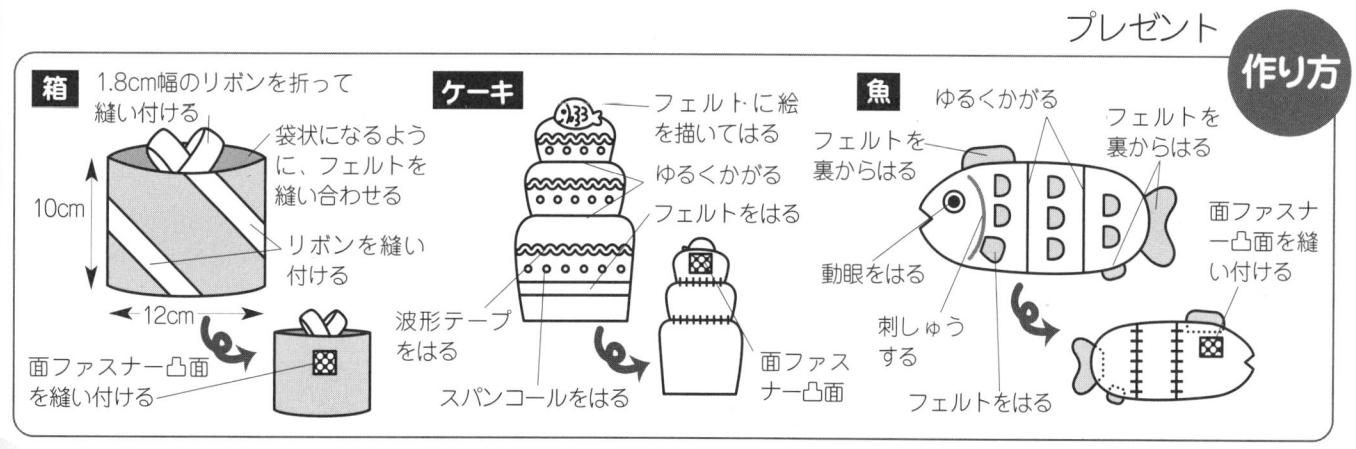

魚
- ゆるくかがる
- フェルトを裏からはる
- フェルトを裏からはる
- 動眼をはる
- 刺しゅうする
- フェルトをはる
- 面ファスナー凸面を縫い付ける

81

ポンポコパンやさんの作り方 型紙

＊ねずみときつねとうさぎとくまの人形は「森のかくれんぼ」と共通です

材料

◎エプロン
- 淡緑色のエプロン（作り方は33ページ）
- フェルト
- 木綿地
  （ベージュ）約38cm×30cm（ショーケース用）
  （赤チェック）約20cm×8cm（看板用）
- 面ファスナー（凹面、淡緑、ベージュ）
- キルティング地（淡緑）約56cm×21cm（ポケット用）

◎人形
- フェルト
- 動眼（直径1.5cm）2個
- 綿
- 刺しゅう糸
- 面ファスナー（凸面）
- 色画用紙（ピンク、茶、こげ茶、白、黒、赤）
- 波形テープ

ショーケースのポケット
木綿地（ベージュ）……1枚

300%に拡大コピーして使用

作り方

エプロン

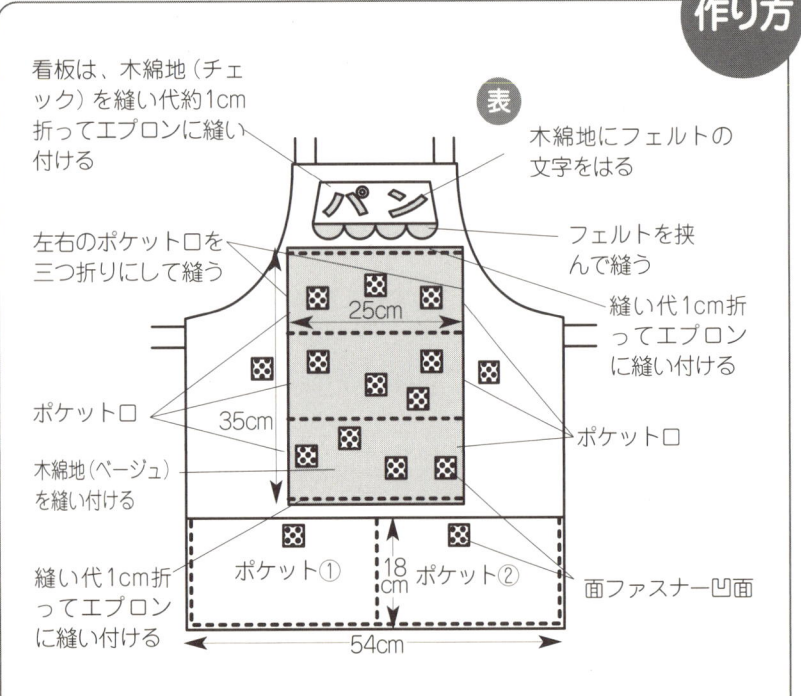

- 看板は、木綿地（チェック）を縫い代約1cm折ってエプロンに縫い付ける
- 木綿地にフェルトの文字をはる
- フェルトを挟んで縫う
- 縫い代1cm折ってエプロンに縫い付ける
- 左右のポケット口を三つ折りにして縫う
- ポケット口
- 木綿地（ベージュ）を縫い付ける
- 縫い代1cm折ってエプロンに縫い付ける
- ポケット①　ポケット②
- 面ファスナー凹面

25cm / 35cm / 18cm / 54cm

看板

300%に拡大コピーして使用

パーツA
木綿地（赤のチェック）……1枚
フェルト（青）……文字分

パーツB
フェルト（赤）……1枚

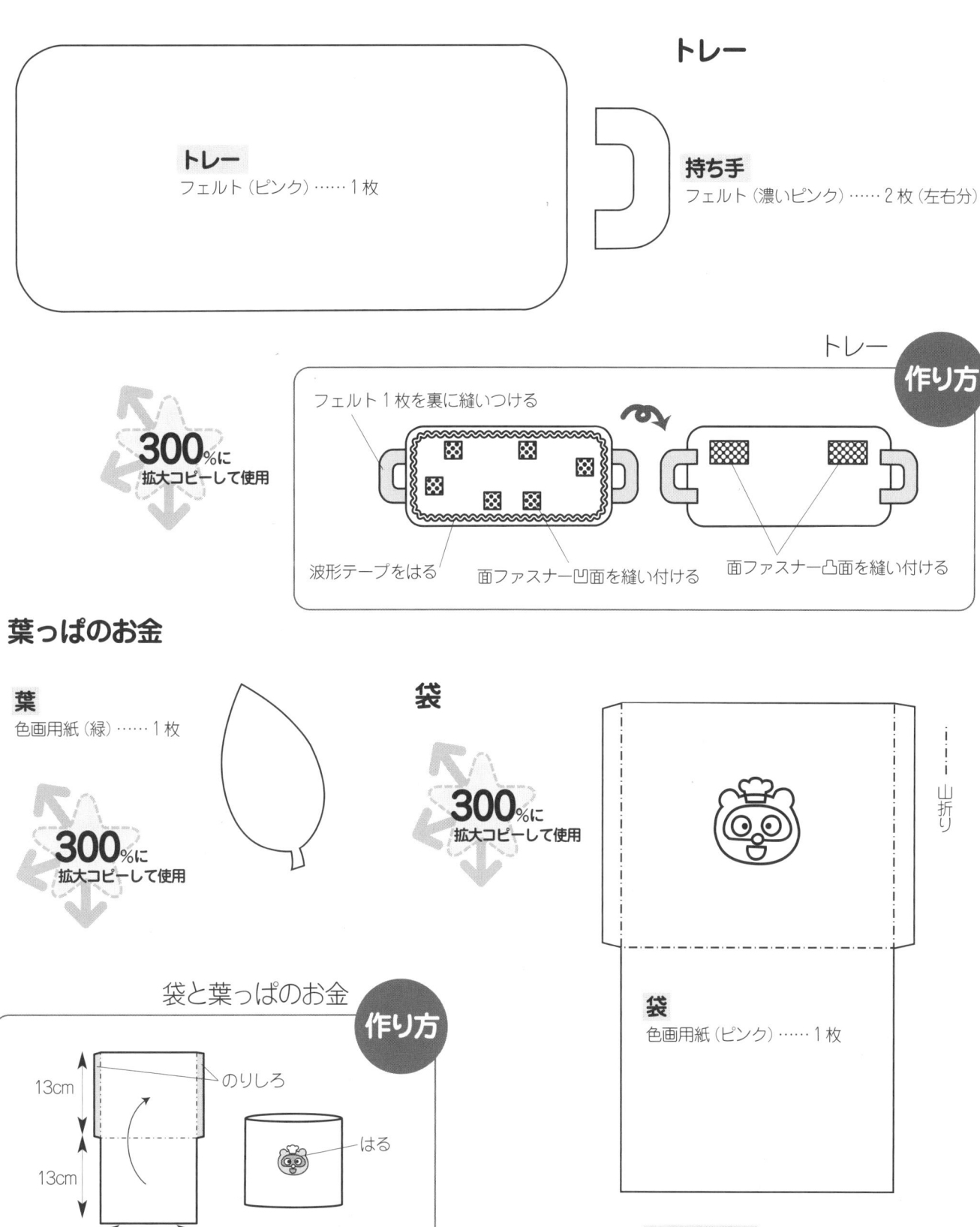

ポンポコパンやさんの作り方 型紙

トレー

トレー
フェルト（ピンク）……1枚

持ち手
フェルト（濃いピンク）……2枚（左右分）

300%に拡大コピーして使用

トレー 作り方

- フェルト1枚を裏に縫いつける
- 波形テープをはる
- 面ファスナー凹面を縫い付ける
- 面ファスナー凸面を縫い付ける

葉っぱのお金

葉
色画用紙（緑）……1枚

300%に拡大コピーして使用

袋
色画用紙（ピンク）……1枚

300%に拡大コピーして使用

山折り

袋と葉っぱのお金 作り方

- 13cm
- 13cm
- 15cm
- のりしろ
- はる
- 色画用紙
- 描く

たぬきの顔
色画用紙（茶、こげ茶、白、黒、赤）……各1枚

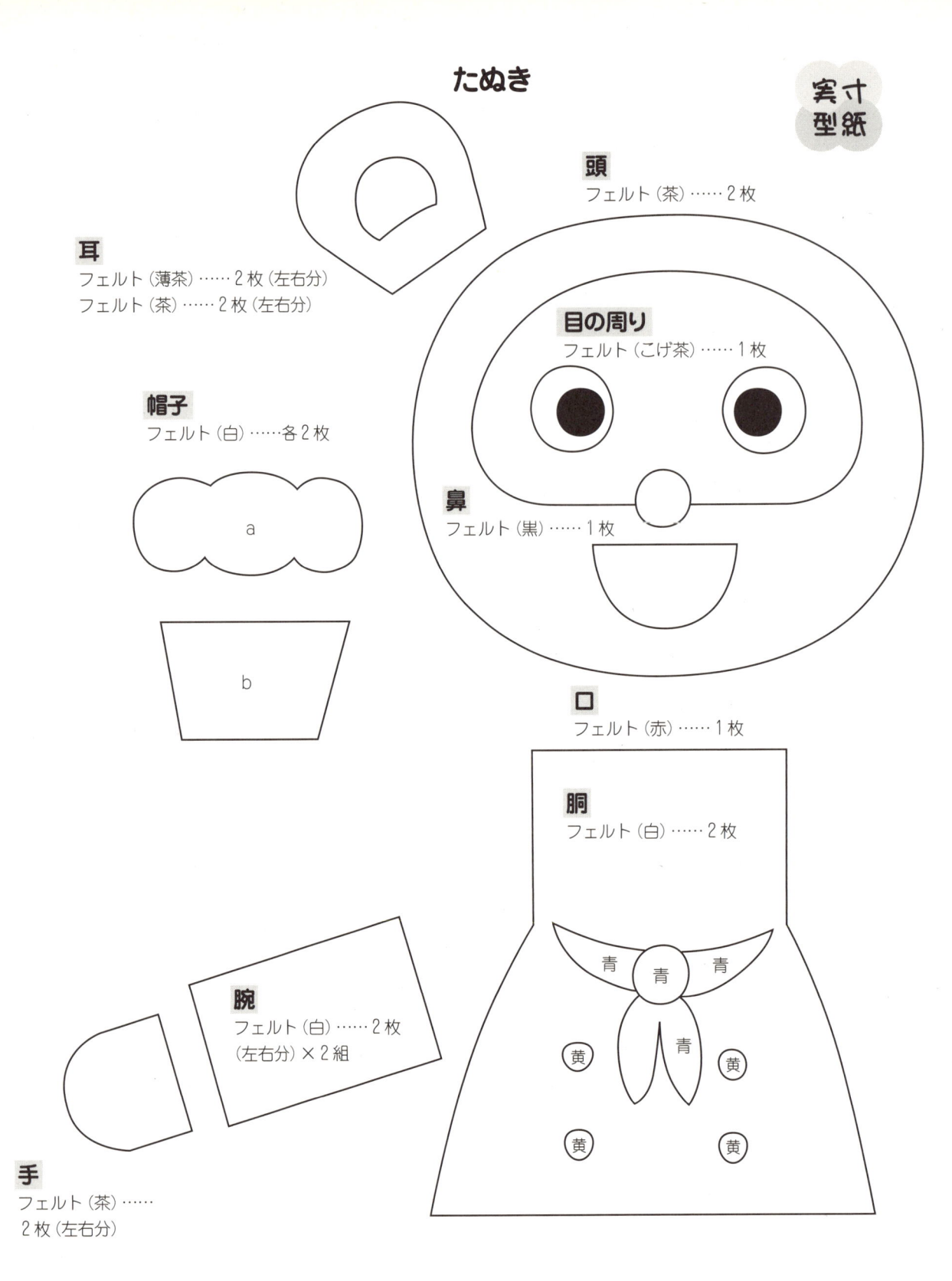

たぬき

実寸型紙

ポンポコパンやさんの作り方 型紙

頭
フェルト（茶）……2枚

耳
フェルト（薄茶）……2枚（左右分）
フェルト（茶）……2枚（左右分）

帽子
フェルト（白）……各2枚

a

b

目の周り
フェルト（こげ茶）……1枚

鼻
フェルト（黒）……1枚

口
フェルト（赤）……1枚

胴
フェルト（白）……2枚

青　青　青
黄　青　黄
黄　黄

腕
フェルト（白）……2枚
（左右分）×2組

手
フェルト（茶）……
2枚（左右分）

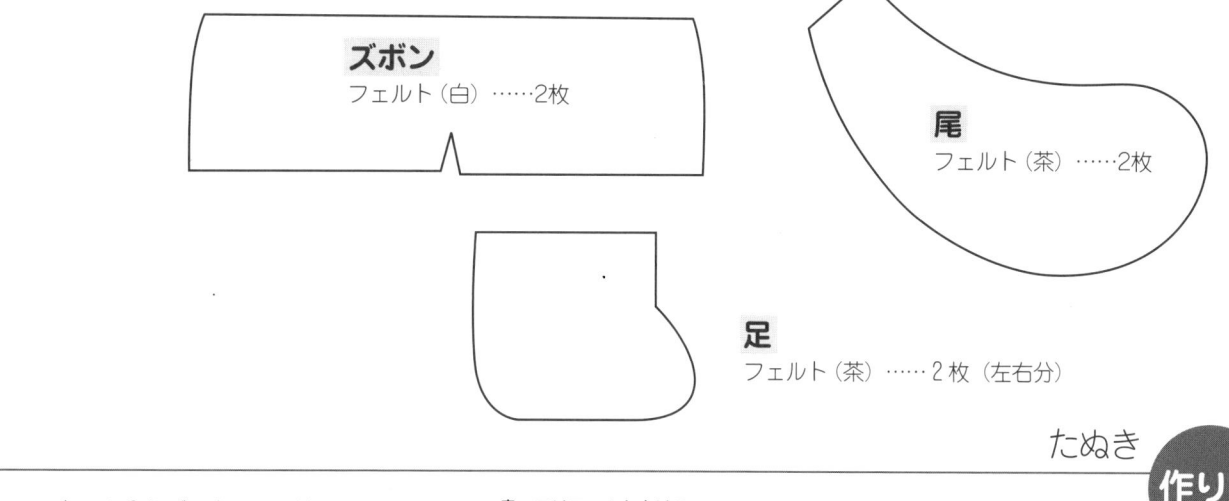

ポンポコパンやさんの作り方 型紙

ズボン
フェルト（白）……2枚

尾
フェルト（茶）……2枚

足
フェルト（茶）……2枚（左右分）

たぬき　作り方

＊鼻、口はフェルトをはる

- aとbを2枚ずつ合わせて縫い、aにbを差し込み頭に縫い付ける
- 動眼をはる
- フェルトを2枚合わせで縫い、綿を入れる
- フェルトを縫い付ける
- フェルトを2枚合わせで縫い、胴に挟む
- フェルトをはる
- 耳・手・足はフェルトを1枚ずつ挟む
- フェルトを2枚合わせて縫い、胴に差し込む

（表）

- 面ファスナー凸面を縫い付ける
- 頭に胴を差し込んで縫い合わせる
- フェルトを2枚合わせて縫い、裏に縫い付ける

（裏）

＊きつね、ねずみ、くま、うさぎの作り方は74～77ページにあります。

パンやさんにおかいもの

作詞／佐倉智子　作曲／おざわたつゆき

1. パン パン パンやさんに おかいもの メロンパン ねじり ドーナツ パンのみみ チョコパン ふたつ くださいな
2. ホイ ホイ たくさん まいど あり サンドイッチに ハイ どうぞ

パン

130%に拡大コピーして使用

ポンポコパンやさんの作り方 型紙

サンドイッチ（全体）
フェルト（白）……2枚
綿テープ（4mm幅、赤、緑、黄）……各1本

サンドイッチ（三角）
フェルト（白）……1枚

パンの袋
フェルト（水色）……2枚

パンの耳
フェルト（茶）……5枚
フェルト（こげ茶）……3枚
リボン（赤）……1本

クリームパン
フェルト（茶）……2枚

─・─・─ 線部分
茶色の刺しゅう糸で刺しゅうする

ポンポコパン（全体）
フェルト（茶）……2枚

ポンポコパン（上部）
フェルト（薄茶）……1枚

食パン
フェルト（白）……2枚

食パンの耳
フェルト（茶）……1枚

86

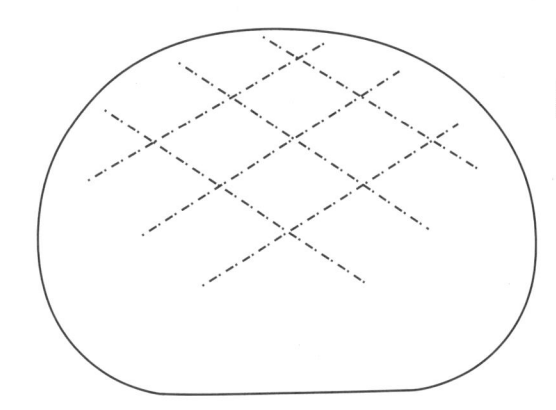

ポンポコパンやさんの作り方 型紙

メロンパン
フェルト（クリーム）……2枚

-・-・- 線部分
黄色の刺しゅう糸で刺しゅうする

ねじりドーナツ
フェルト（茶）……2枚

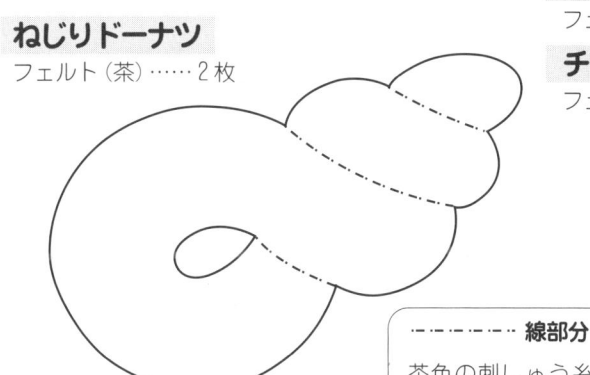

チョコパン（2個分）
フェルト（こげ茶）……4枚

チョコ（2個分）
フェルト（黒）……2枚

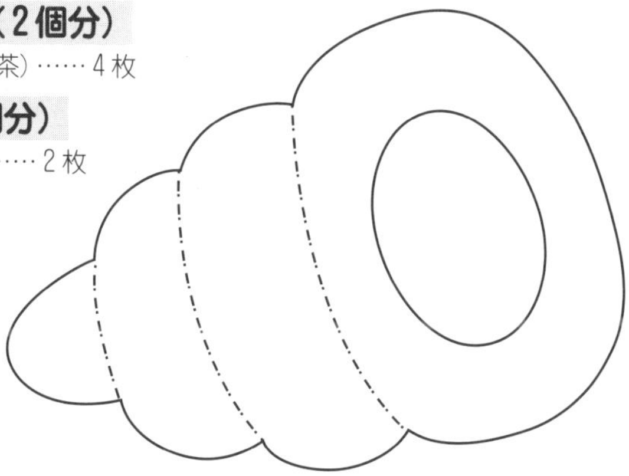

-・-・- 線部分
茶色の刺しゅう糸で刺しゅうする

チーズパン（全体）
フェルト（黄）……2枚

チーズパン（上部）
フェルト（濃黄）……1枚

-・-・- 線部分
黄色の刺しゅう糸で刺しゅうする

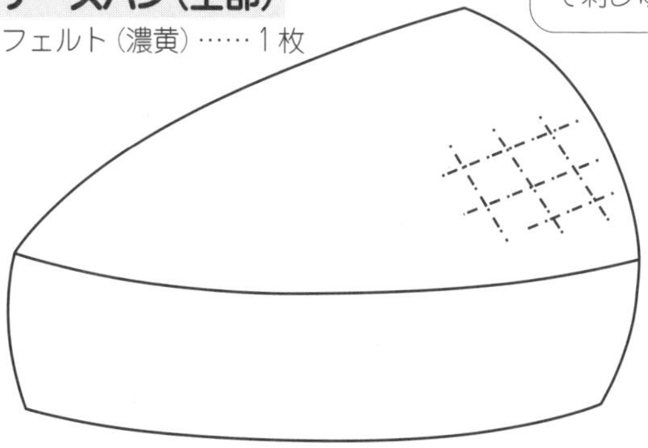

あんパン
フェルト（こげ茶）……2枚

飾り
フェルト（淡ピンク）……1枚

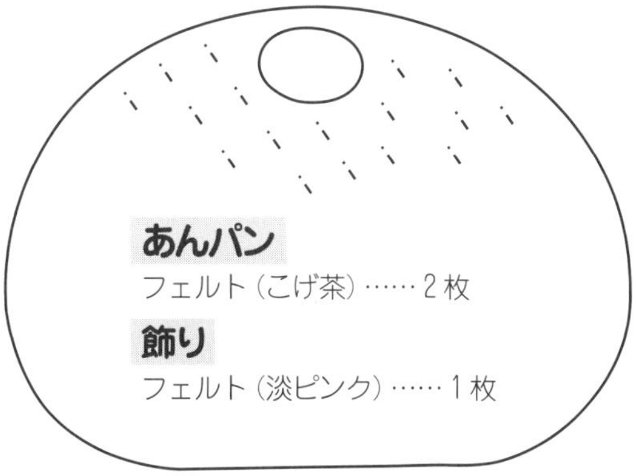

作り方　パン

- 刺しゅうする
- フェルトをはる
- フェルトを縫い付ける
- 縫い付ける／刺しゅうする
- 縫い付ける
- リボンを縫い付ける
- フェルトをはる
- 4mmの綿テープを3本はる
- フェルトを縫い付ける
- 刺しゅうする
- フェルトを縫い付ける

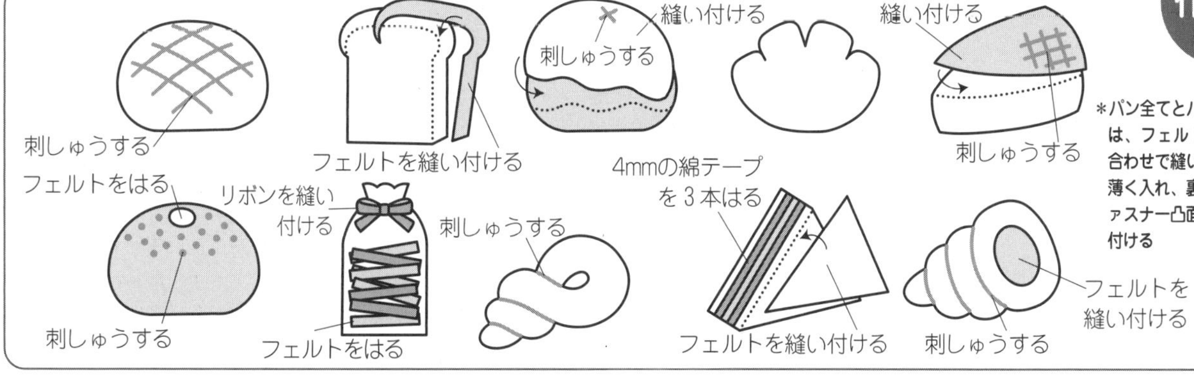

＊パン全てとパンの袋は、フェルトを2枚合わせて縫い、綿を薄く入れ、裏に面ファスナー凸面を縫い付ける

著者紹介

中谷真弓

乳幼児教育研究所・講師。エプロンシアターの考案者。
エプロンシアターの研究成果を保育学会で発表。
このほか、布おもちゃの研究、遊びの指導などを手がける。
著書「簡単手作り 中谷真弓のエプロンシアターベストセレクション」(フレーベル館)、
「中谷真弓のエプロンシアター!」(チャイルド本社)ほか多数。

- ●表紙・表紙カバーデザイン……メルクマール
- ●表紙写真……中村俊二
- ●本文写真……中村俊二　正木達郎
- ●モデル……武田 恵
  「大きなかぶ」「ねずみのすもう」「とんでったバナナ」
  新井田真澄
  「おいも掘り」
  池田裕子
  「ピヨピヨちゃんをさがそう」
  城品萌音
  「森のかくれんぼ」「ねこちゃんの誕生日」「ポンポコパンやさん」
- ●本文デザイン……スタジオ・トラミーケ
- ●本文イラスト……エプロンシアター ポケット社
- ●楽譜制作……クラフトーン
- ●トレース……PLANEWORKS
- ●編集協力……青木美加子
- ●編集担当……石山哲郎　飯島玉江

中谷真弓のエプロンシアター!2

2010年6月 初版第1刷発行

著者／中谷真弓 © MAYUMI NAKATANI 2010
発行人／浅香俊二
発行所／株式会社チャイルド本社
〒112-8512 東京都文京区小石川5-24-21
電話：03-3813-2141（営業）03-3813-9445（編集）
振替：00100-4-38410
〈日本音楽著作権協会（出）許諾第1007778-001号〉
印刷所／共同印刷株式会社
製本所／一色製本株式会社

ISBN／978-4-8054-0167-5
NDC 376 257×210 88P

◎乱丁・落丁はお取り替えします。
◎本書の型紙以外のページを無断で複写複製することは、
法律で認められた場合を除き、著作権者及び出版社の権利の侵害となりますので、
その場合は予め小社あて許諾を求めてください。
◎エプロンシアターは登録商標です。

チャイルド本社ホームページアドレス
http://www.childbook.co.jp/
チャイルドブックや保育図書の情報が盛りだくさん。どうぞご利用ください。